FENG SHUI

SOLUCIONES PARA LA VIDA

LILLIAN TOO

FENG SHUI

SOLUCIONES PARA LA VIDA

VERGARA
GRUPO ZETA

Barcelona • Bogotá • Buenos Aires • Caracas • Madrid • México D.F. • Montevideo • Quito • Santiago de Chile

Título original: Feng Shui. Life Planner

Traducción: Cristina Martín

1.ª edición: mayo, 2004

1.ª reimpresión: noviembre, 2004

2.ª edición: septiembre, 2006

Publicado por primera vez en 2003, por Hamlyn,

una división de Octopus Publishing Group Ltd.

Ésta es una coedición de Ediciones B, S.A.,

y Ediciones B Argentina, S.A.,

con Hamlyn

Bailén, 84 - 08009 Barcelona (España)

Impreso en U.S.A. - Printed in the U.S.A.

ISBN: 978-0-7394-8900-0

CONTENIDO

INTRODUCCIÓN

ARRIBA. El uso del simbolismo es una parte importante del feng shui. Determinados objetos e imágenes, como el dragón que escupe agua, están imbuidos de poderes mágicos que pueden aportarnos buena suerte y alejar la mala fortuna.

Traducido literalmente, feng shui significa «viento y agua». En la práctica, estas dos palabras describen una valiosa herramienta para la vida que los chinos conocen y practican desde hace varios miles de años. El feng shui es la práctica de crear un entorno feliz dentro del hogar, que sea positivo y beneficioso en todo momento.

El buen feng shui refleja el equilibrio perfecto entre las energías yin y yang, al tiempo que garantiza que exista armonía entre los cinco elementos —tierra, fuego, aire, agua y metal— que conforman el Universo cósmico en el que vivimos.

Un buen feng shui se crea disponiendo el flujo de energía presente en nuestro entorno de un modo que atraiga la buena fortuna —salud, felicidad y riqueza— a quienes residimos en él. Existen unos cuantos principios básicos que seguir, que se refieren a la mejora del espacio y también a la mejora del tiempo.

Cuando se practican correctamente, los principios del feng shui pueden crear una excepcional buena suerte en todos los aspectos de nuestra vida: el amor, la familia, la salud, la riqueza y la profesión. Puede protegernos contra las desgracias, las enfermedades y las pérdidas económicas.

El feng shui se basa en el principio de que la vida del mundo material debe ser lo más cómoda posible, y para hacerlo se ha de vivir en armonía con la energía chi que abarca nuestro espacio y que se transforma con el paso del tiempo.

Este libro pretende ser una guía muy fácil que permita hacer ambas cosas: vivir en armonía con la energía de nuestro espacio y adaptarnos a los ciclos cambiantes de las pautas de energía chi que tienen lugar a lo largo del tiempo. Ambos principios tienen como objetivo permitirnos estar protegidos en todo momento contra el feng shui pernicioso y enseñarnos a crear un buen feng shui. Al servirse de este libro como guía, usted podrá diseñar su espacio y planificar su vida para que fluya de manera positiva en sincronía con la energía de su hogar. El feng shui puede utilizarse desde una edad muy temprana para potenciar la suerte en los estudios, y cuando se es adulto se puede emplear para proporcionar un enorme impulso a su suerte en la profesión. También resulta de especial ayuda para quienes deseen atraer una buena relación a su vida, así como para ayudar a construirse una vida profesional o de negocios que tenga contenido, que atraiga el éxito material. Puede usarlo para crear un entorno vigorizante a fin de que su familia disfrute de salud y prosperidad. En

realidad, las aspiraciones humanas tienen numerosos aspectos, y la práctica completa del feng shui puede aportar buena suerte a todos ellos.

Feng Shui - Soluciones para la vida le muestra su número Kua: el método feng shui para elaborar direcciones personalizadas buenas y malas, basadas en la fórmula de las Ocho Mansiones. Se trata de un método feng shui tan maravillosamente potente y fácil de usar, que una vez que lo aplique y que note su efecto al instante influirá ya para siempre en su modo se sentarse, de dormir, trabajar e incluso orientar las puertas y habitaciones que utiliza. Este método de feng shui es el más sencillo y sin duda el más poderoso.

Una vez que haya dominado la fórmula de las Ocho Mansiones, podrá pasar a los ciclos periódicos del feng shui, que incorporan la fórmula del Trigrama de la Casa y los métodos de Estrella Voladora. Éstos se refieren a los cambios de energía que suceden con el tiempo dentro de un hogar o un espacio de

ARRIBA. El feng shui le permitirá mirar su espacio vital de manera distinta. Este cuarto de estar parece bonito y acogedor, y el sol que se filtra a su interior aporta benevolente energía chi yang. Sin embargo, hay problemas, en particular en los ángulos pronunciados que crea la pared divisoria, que causan alteraciones en el chi.

trabajo. El método ofrece un mapa preciso de la suerte de una familia; al utilizarlo, podrá identificar los puntos de riqueza y los rincones de las buenas relaciones, así como las partes vulnerables a la desgracia y la enfermedad.

La idea de tener ese mapa de la suerte de su hogar —mencionado en este libro como cartas natales— tiene por objeto activar los puntos de riqueza y las áreas favorables para las relaciones con el fin de potenciar y aumentar al máximo esa suerte en particular. Podrá aplicar potentes curas en zonas de su hogar que están gravemente afligidas por la energía chi de la desgracia y la enfermedad. Se sorprenderá por la rapidez con que se manifiesta la buena suerte, ¡a menudo de la manera que menos se lo espera!

Una vez que haya comprendido los principios del feng shui, verá que resulta muy fácil trabajar con ellos y se convertirán en una parte natural de su vida. Puede que al comienzo parezca desalentador, con tantas pautas que recordar, de modo que proceda despacio. Cuando haya hecho unos cuantos cambios en el diseño de los interiores y haya empezado a apreciar la armonía que surge de ellos, se sentirá animado a perseverar, y en ese momento es cuando el feng shui se convierte en una valiosa herramienta para vivir. Una buena parte del feng shui consiste en aplicar el famoso sentido común.

ABAJO. El Buda Riente que sostiene unos lingotes y va vestido de rojo es una imagen feng shui de muy buena suerte. No obstante, el feng shui es adaptable, por lo que igual de potente sería una imagen de Santa Claus, ya que éste también sonríe y va vestido de rojo.

Por supuesto, vivir en armonía depende no de una sino de todas las personas que residen en el hogar. Si su familia consta de cuatro miembros —dos padres y dos hijos— y sus números Kua personales indican que tres de ustedes deberían dormir en la habitación situada en la zona suroeste de la casa, ¿qué debe hacer usted? La respuesta es aprovecharse de la flexibilidad del feng shui. Asigne los dormitorios de la manera más apropiada según el tamaño y las necesidades, y después permita que cada persona personalice su espacio. Las zonas compartidas, como el cuarto de estar, el comedor y la cocina, pueden mejorarse de modo que beneficien a la familia entera.

Feng Shui - Soluciones para la vida le proporciona todo lo que usted necesita para practicar con éxito el feng shui. Contiene explicaciones claras en cada nivel de práctica, desde las fórmulas más básicas hasta las más avanzadas, y la mayoría de los gráficos y tablas se han simplificado sin que pierdan nada de lo esencial.

Además, naturalmente, se dan abundantes ideas para el diseño de interiores que usted puede incorporar a su plan.

Cuando haya llegado a dominar el feng shui, no habrá nada que le impida adaptar los principios que se exponen aquí a su cultura o tradición particular.

La primera parte de *Feng Shui - Soluciones para la vida* presenta los conceptos básicos del feng shui y explica las tres fórmulas que permiten elaborar gráficos personalizados para nuestro hogar. La última parte del libro, que comienza con Feng Shui en Acción, enseña cómo poner en práctica lo que ha aprendido acerca de la «suerte» de su hogar, y le asesora en detalle sobre cómo atraer la buena suerte y repeler la mala, habitación por habitación. El capítulo final, sobre el feng shui taoísta, enseña a utilizar los símbolos e interpretar las señales místicas para mejorar la práctica del feng shui.

A lo largo de todo el libro utilizo tablas y gráficos para ayudar a explicar las fórmulas. También pongo ejemplos de casas para ilustrar cómo se han de aplicar las fórmulas a casas y habitaciones de formas y orientaciones diferentes, con el fin de que usted pueda aplicarlas a su propio hogar. Dado que cada sección se apoya sobre lo aprendido en la sección anterior, lo mejor es ir avanzando por el libro desde el principio hasta el final, expandiendo sus conocimientos y su pericia conforme va leyendo.

IZQUIERDA. El feng shui nos aconseja sobre qué colocar en una habitación y en qué lugar de la misma para atraerle buena suerte a usted personalmente. Así, por ejemplo, aunque las flores son beneficiosas para todo el mundo, a algunas personas les resultan de especial utilidad.

ENTENDER EL FENG SHUI

Para aquellos de ustedes que no saben absolutamente nada del feng shui, o para aquellos que poseen conocimientos vagos que necesitan consolidar, este capítulo abarca los conceptos básicos y esenciales que son fundamentales para el mismo, desde el concepto del chi, que sostiene todo el sistema, hasta el ciclo de los cinco elementos: metal, agua, madera, fuego y tierra.

Descubrirá su signo del zodíaco chino, aprenderá la importancia que tiene el simbolismo en la práctica del feng shui y recibirá asesoramiento sobre los pasos prácticos que puede dar para preparar su casa y usted mismo para llevar a la práctica las técnicas del feng shui.

Una vez que haya comprendido los conceptos, podrá aplicarlos a cualquiera de las fórmulas, desde el método Pa Kua más sencillo hasta la fórmula de Estrella Voladora más avanzada, de manera que bien merece la pena dedicar un poco de tiempo a familiarizarse con esta sección antes de continuar.

No es difícil, simplemente es cuestión de apreciar que estos conceptos son las herramientas que usted necesita para hacer cambios emocionantes y positivos en su espacio vital y que, al igual que sucede con todo proyecto práctico, emplear las herramientas adecuadas supone una gran diferencia a la hora de ver resultados.

EL CONCEPTO DEL CHI

Cuando se entra en la casa de alguien, por lo general se nota si es una casa alegre o triste. Lo que se percibe es una energía invisible que fluye a través del entorno, de los edificios y del cuerpo humano. Los chinos llaman a dicha energía «chi» —que es la respiración cósmica del dragón— y comprender este concepto es la esencia de la comprensión del feng shui.

Todo el mundo posee la capacidad de «sentir» esta energía. Todos tenemos el potencial de percibir la calidad de la energía que nos rodea. De manera similar, todo el mundo genera energía, que puede sentirse como «positiva» o «negativa». Los hogares que poseen energía vigorizante suelen pertenecer a personas fuertes y triunfadoras. Por otra parte, las casas que desprenden energía de derrota o cansancio suelen corresponder a personas más agotadas. Los hogares pueden ser cálidos y acogedores, o fríos, furiosos y hostiles. Hay hogares amables y hogares agresivos, los hay afortunados y sin suerte. Cuanto más intensa es la energía, más fácil resulta percibirla.

Derecha. Éste es el símbolo del yin y el yang, que en China se conoce como el «tai chi». Considere cada habitación como un pequeño tai chi y la casa entera como el gran tai chi.

A veces la energía de los espacios es más fuerte que las energías juntas de los ocupantes, y otras veces domina la personalidad del dueño de la casa. Pero casi siempre ocurre que el hogar (o el despacho) es un espejo y un reflejo de las actitudes, las direcciones, los estados de ánimo y el bienestar de sus ocupantes. Sólo sintonizando esa energía podremos cambiarla. Desarrolle la percepción de la energía de su hogar, y ello le ayudará a mejorar su feng shui a pasos agigantados.

Es muy importante renovar constantemente el chi y mantenerlo en movimiento (véanse las páginas 14-15). Nunca se debe permitir que se estanque la energía de la casa. La energía se describe como «yang» o «yin». El concepto del yang y el yin se resume en el símbolo que se ilustra aquí: el yang es la parte blanca del símbolo, y el yin la parte negra, pero cada una de ellas contiene una «semilla» del otro color, que significa que todo posee el potencial de transformarse en su opuesto. Existe un constante intercambio de chi entre ambas. Así, el día se transforma en noche, el verano en invierno, lo bueno se convierte en malo y el cielo se cambia en tierra... y viceversa.

IZQUIERDA. En esta habitación existe un buen equilibrio yin/yang, lo cual garantiza que el «tai chi» de ese espacio es armonioso. El equilibrio es evidente en el uso de los colores y la distribución de los muebles. Además, el sofá proporciona un buen apoyo.

El yang se considera la fuerza masculina del Universo y está asociado con el sur, el verano, el calor, la luz del sol y las cualidades positivas y poderosas. Por el otro lado, el yin es la fuerza femenina y se asocia con el norte, el invierno, la noche, el frío, la humedad y las cualidades negativas y pasivas. En el almanaque agrícola de los chinos, el cielo está en la cúspide del verano y es muy yang, mientras que la tierra está en medio del invierno y es muy yin.

La energía yang es lo que se necesita para traer la buena suerte; se han de valorar el yin y el yang según su fuerza. La energía yang «vieja» o agotada tiende a disiparse y transformarse en yin a menos que se le dé vida nueva. Para que los hogares disfruten de una robusta buena suerte, la energía yang que contienen debe ser joven, es decir, fresca, fuerte y vital.

El chi debe mantenerse en movimiento todo el tiempo. Cuando el chi está quieto, simplemente se estanca y atrae lo que se conoce como «formación de espíritu yin», una situación de energía chi que los maestros de feng shui interpretan como demasiado inmóvil, silenciosa y apagada, y por lo tanto dotada de escaso poder para atraer la buena suerte. Para crear buena suerte del tipo material, ha de haber un abundante suministro de energía yang. El chi yang está en continuo movimiento, nunca se detiene; esta vitalidad contribuye a una continua buena suerte.

EL FLUJO DEL CHI

DERECHA. El flujo del chi determina su cualidad dentro de la casa. En la medida de lo posible, deje que el chi circule describiendo curvas en lugar de discurrir en línea recta, y observe siempre el uso de la habitación a ambos lados de cada pared divisoria.

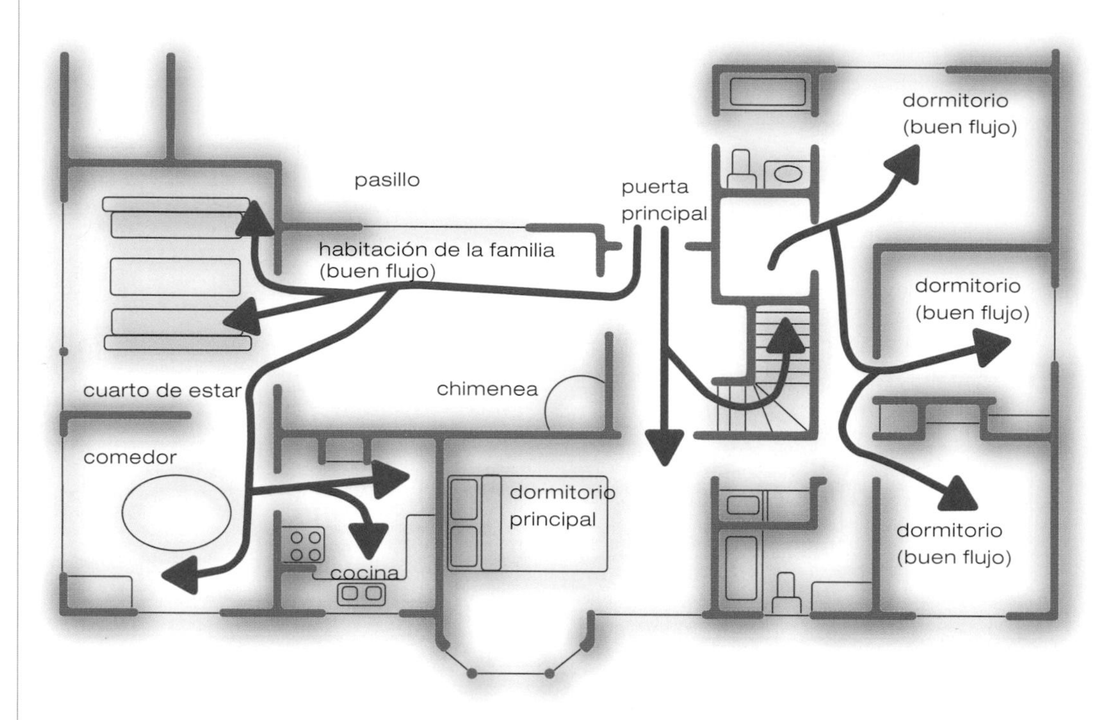

También son significativas la velocidad y la dirección del flujo del chi. En el hogar es muy importante planificar la distribución de las habitaciones y la situación de las puertas de modo tal que el chi se mueva describiendo curvas por la casa. Si se deja que se desplace en línea recta, gana velocidad y absorbe energía mortal.

Se puede conseguir un flujo que va formando curvas sirviéndose de plantas, muebles bajos y objetos que dividan las habitaciones, tales como aparadores y biombos, para ralentizar el chi. Debido a esto, el feng shui se conoce a veces como el arte de colocar las cosas. En el plano de distribución que se ilustra arriba, el flujo del chi necesita ser mejorado con feng shui.

El chi fluye en línea recta desde la puerta al interior del dormitorio principal. Los ocupantes de dicha habitación sufrirán el impacto de una energía directa, que es feroz y hostil. El mejor remedio consiste en colgar cuadros en las paredes del pasillo.

Nótese también que el dormitorio principal comparte una pared con la cocina. Esta posición no es deseable, ya que el chi del fuego procedente de la cocina puede perturbar el sueño. Sin embargo, el horno está situado en la pared de enfrente, de manera que no perturba demasiado.

La chimenea de la habitación de la familia está situada contra la pared, la cual es también compartida por el dormitorio principal. Esto no resulta aconsejable.

Para que el chi circule con libertad en todo momento, siempre es buena idea mover los muebles con el fin de alcanzar la suciedad que se acumula debajo de ellos. Este ligero desplazamiento del mobiliario es una medicina feng shui muy buena para la casa: además de limpiar los espacios, desplaza el chi.

CONSEJOS PARA CREAR UN BUEN FLUJO DE CHI

- Abra puertas y ventanas a diario, por la mañana temprano, para que entre aire fresco y los vientos del exterior (necesitará abrir al menos dos para crear el flujo de chi).
- Limpie debajo de las alfombras con regularidad, ya que así se desplaza el chi.
- Mueva los armarios grandes para alcanzar la suciedad que se acumula detrás de ellos.
- Pase bien la aspiradora por la cara inferior de las camas para despejar el espacio sobre el que duerme.
- Al menos una vez al año, haga una «limpieza de primavera».
- Instaure un programa de pintar la casa cada dos o tres años.
- Instaure un programa de revitalizar el hogar realizando renovaciones de poca importancia.
- Cambie ocasionalmente los muebles de la casa, o distribúyalos de otra forma para devolverle la vitalidad.

CREAR ENERGÍA FRESCA Y NUEVA

Revitalizar el espacio interior da como resultado un mágico cambio de energía. La energía negativa de todo tipo puede superarse mediante la práctica de aportar de forma activa energía joven y nueva que posea mayor vitalidad, renueve el hogar y mantenga el chi robusto y en crecimiento.

Se puede hacer cuando se desee; yo suelo escoger las dos semanas anteriores al año nuevo lunar.

Además de limpiar la casa de arriba abajo, se pueden incluir rituales de limpieza con campanas, cuencos cantarines e incienso (véanse las páginas 146-147). Estos rituales generan cambios positivos en las fuerzas intangibles que mejorarán la energía de su hogar.

También pueden emplearse para ayudar a eliminar energía chi negativa que pueda haber entrado en la casa procedente de vecinos o ocupantes anteriores, o por medio de la enfermedad o la muerte.

Hay unas cuantas cosas que aportan resultados más rápidos que utilizar los conocimientos sobre feng shui para revitalizar la casa. Resulta útil contemplar la mejora con feng shui como un proceso continuo. Cada vez que haga un cambio, debe ser consciente de que está renovando la energía al mover el chi.

Descubrirá que las casas siempre causan una mejor sensación después de una renovación feng shui bien planificada. Ésta hace que penetre en la casa una ráfaga de chi nuevo, lo cual tiene un efecto yang de lo más revitalizante. El chi nunca tiene oportunidad de estancarse; así pues, la energía de la casa es vital y está viva, y nunca se vuelve letárgica.

ABAJO. Utilice un cuenco cantarín tibetano de siete metales para crear energía fresca y nueva. Estos cuencos cantarines tienen el poder de absorber y transformar el chi negativo.

CREAR UN CAMPO DE ENERGÍA

Una de las protecciones más potentes para el espacio vital es la creación de un campo defensivo de chi guardián. Esto se consigue desarrollando la capacidad de imaginar mentalmente. Todo el mundo posee esta capacidad, que implica concentración para crear potentes visualizaciones en la mente, que pueden canalizarse para crear un fuerte campo de energía que proteja el hogar.

Este campo de fuerza funciona de diferentes maneras. Puede impedir que el chi hostil penetre en el aura natural de la casa; puede impedir que incluso entren en la casa personas que poseen malévolas intenciones ocultas contra los residentes; y puede actuar como una especie de barrera invisible contra espíritus errantes que coexisten con nosotros en un reino distinto. El poder de ese campo de fuerza que construiremos dependerá de la fuerza de la concentración que utilicemos para crearlo.

Por regla general, cuanto más sintonizado esté uno con la energía de su hogar, más cerca estará del espíritu de la misma, y por lo tanto más potente será su campo de fuerza. Esta clase de potenciación no se puede emplear nunca para hacer daño a personas, y cuando funciona mejor es cuando la motivación es pura. Por ejemplo, las visualizaciones mentales de padres que están motivados para proteger a sus hijos poseen una gran fuerza. Ello se debe a que la energía que está detrás de esa imagen mental es un amor incondicional, y el espíritu de éste posee un gran poder. A quienes estén familiarizados con la visualización creativa o hayan practicado alguna vez la meditación les resultará fácil crear el campo de fuerza.

Resulta de utilidad tener en la mente una imagen del hogar, sobre la cual uno ve un capullo de luz azul, que actúa de halo protector. Si usted vive en un piso, imagine que la luz rodea el edificio entero y beneficia a todos los que están dentro.

Cuando realice esta meditación con regularidad, su hogar disfrutará de la armonía de formar un solo ser con el cosmos. Esto se debe a que está canalizando energía vital del Universo hacia el interior de su hogar, haciéndolo vibrar y llenándolo de un fuerte chi yin/yang.

Ejercicio de visualización

1 Sitúese en el centro de la habitación. Levante los dos brazos por delante con las palmas abiertas y hacia fuera. Haga una inspiración profunda al tiempo que levanta los brazos, y a continuación deje que las palmas de las manos desciendan unos pocos centímetros. Exhale. Haga esto tres veces para despertar el chi. Visualice que recibe energía en forma de luz dorada del Universo.

IZQUIERDA Y ABAJO. Practique este ejercicio con regularidad, con gran concentración. Recuerde permanecer relajado. El gran secreto del éxito en la visualización es la capacidad de generar un estado de conciencia relajado.

2 Mantenga las manos abiertas y mirando al cielo como si fuera a recibir energía del Universo. Sienta el chi sintonizando con las palmas de las manos. Permanezca así unos minutos. Cuando experimente una sensación de hormigueo en las palmas, vuélvalas lentamente la una hacia la otra. Mantenga las manos por encima de la cabeza.

3 Baje lentamente las manos e imagine que sostiene entre las palmas de las manos una esfera transparente de luz azulada y protectora. Sostenga esa esfera de intensa energía brillante. Después, separe las palmas muy despacio e imagine que la esfera de luz va haciéndose cada vez más grande.

4 Ahora visualice que la esfera de energía luminosa va haciéndose más grande y más brillante, hasta ser más grande que usted, más grande que la habitación, más grande que la casa, que el piso... Pronto rodeará la casa entera o el edificio entero con su luz protectora. Nada negativo puede penetrar el campo de fuerza creado por esa esfera luminosa.

Céntrese intensamente en esa aura protectora que rodea su casa. Convénzase de su poder. A continuación, cierre suavemente los ojos y visualice que la luz azul rodea completamente la casa, el piso o simplemente la habitación. Piense: «Éste es el campo de energía de mi espacio/hogar/habitación. Nada perjudicial puede penetrar este campo de energía.»

LAS OCHO ASPIRACIONES

Éste es el más fácil de los métodos feng shui. Combina el uso del simbolismo con las direcciones Pa Kua y los atributos de cada habitación para activar la suerte de ocho aspiraciones: el desarrollo profesional, la consecución de riqueza, disfrutar de buena salud y de una buena vida familiar, alcanzar el reconocimiento y la fama, tener buenos hijos, atraer un buen matrimonio y suerte en el amor, tener la suerte de una buena educación y disfrutar del apoyo de personas poderosas e influyentes.

El feng shui se basa en la premisa de que existen ocho clases distintas de «suerte» a las que aspiran las personas. Cada una de esas aspiraciones se asocia con una dirección de la brújula, y al mejorar el feng shui de ese sector del hogar, se manifestará la buena fortuna asociada con la clase de suerte que se está activando, ¡y a veces del modo en que uno menos se lo espera!

Uno de los sistemas más potentes para activar energía en las casas es el método Pa Kua (véanse las páginas 43-55). El Pa Kua es un objeto de ocho lados, potenciado por sus trigramas. Estos símbolos de tres líneas (compuestos por líneas enteras o partidas, o una mezcla de las dos, dependiendo de su significado en chino) se colocan en cada uno de sus lados de dos formas distintas, que en general se conocen como la disposición Cielo Temprano y Cielo Tardío. El feng shui es la habilidad para descifrar los significados de estas colocaciones de los trigramas en diferentes situaciones.

Las ocho aspiraciones del método Pa Kua hacen uso de la disposición Cielo Tardío de los trigramas alrededor del símbolo tai chi. Los trigramas colocados a cada lado del Pa Kua asignan elementos y otras asociaciones a cada uno de los ocho lados. La colocación de los trigramas alrededor del Pa Kua indica los sectores de una casa adecuados para cada miembro de la familia.

Cuando un rincón se activa de manera inteligente y adecuada, causa la manifestación de la suerte de dicho rincón. Este método de feng shui es fácil, pero puede ser tan poderoso como las fórmulas más complejas.

LAS OCHO ASPIRACIONES Y SUS DIRECCIONES ASOCIADAS	
Profesión	norte
Estudios	noreste
Salud	este
Riqueza	sureste
Fama	sur
Romance	suroeste
Hijos	oeste
Mentores	noroeste

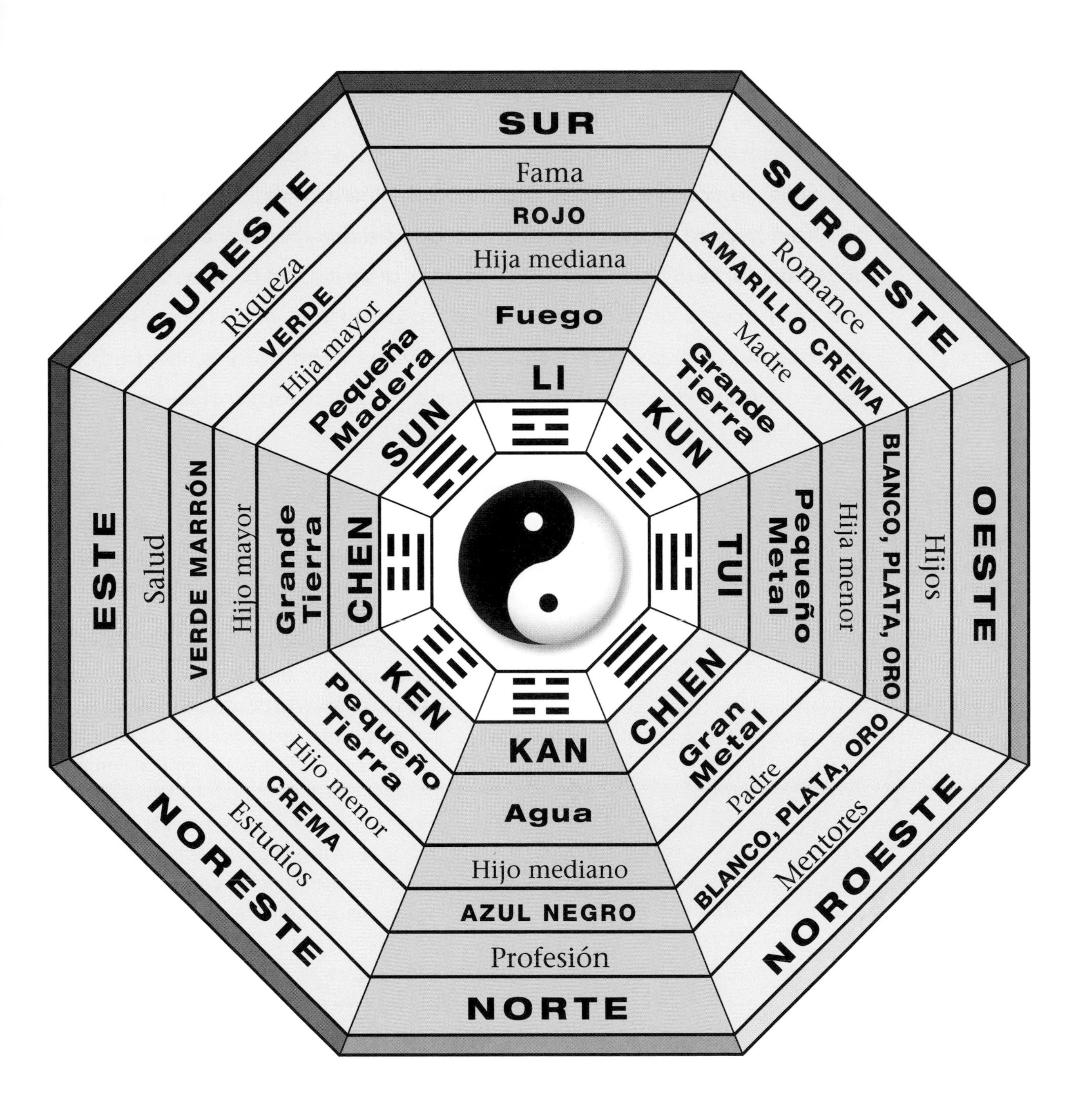

ARRIBA. Esta ilustración muestra un Pa Kua. Cada dirección de la brújula se asocia con un elemento como el fuego, un miembro de la familia y un color. También muestra elementos o rasgos, como plantas o estanques, que pueden utilizarse para activar la suerte de cada dirección. Es una de las formas más simples de feng shui.

LA TEORÍA DE LOS CINCO ELEMENTOS

ABAJO. El elemento del fuego es excelente para activar la suerte del reconocimiento cuando se sitúa en la esquina sur de la casa. Su mejor representación es una luz brillante, una lámpara o farolillos.

Un concepto clave en la práctica del feng shui es la teoría de los cinco elementos (*wu xing* en chino). Su comprensión le hará un experto en feng shui y además adquirirá una base firme de la filosofía fundamental del pensamiento chino. Hay muchas cosas chinas que se basan en el *wu xing*, desde las artes adivinatorias hasta las curaciones médicas, la vida sana, los ejercicios de chi kung y la lucha con artes marciales.

La teoría de los cinco elementos constituye la base de todas esas habilidades esotéricas. En el feng shui, el hecho de conocer la teoría de los cinco elementos y sus tres ciclos —productivo, agotador y destructivo— ofrece información inestimable para las curas, los remedios y los energizantes recomendados por los maestros del feng shui. Así pues, es una idea excelente grabarse en la memoria los tres ciclos de los cinco elementos.

Para usar la teoría de los cinco elementos en feng shui, deberá entender las relaciones de cada uno de los elementos —fuego, madera, agua, metal y tierra— con los demás.

LOS CINCO ELEMENTOS Y SUS ASOCIACIONES

	MADERA	AGUA	FUEGO	METAL	TIERRA
ESTACIÓN	primavera	invierno	verano	otoño	intermedios
DIRECCIÓN	este/sureste	norte	sur	oeste/noroeste	sureste/noreste
COLOR	verde	negro	rojo	blanco	ocre
FORMA	rectángulo	ondas	triángulo	círculo	cuadrado
ENERGÍA	afuera	descendente	arriba	adentro	de lado
NÚMEROS	3, 4	1	9	6, 7	2, 5, 8

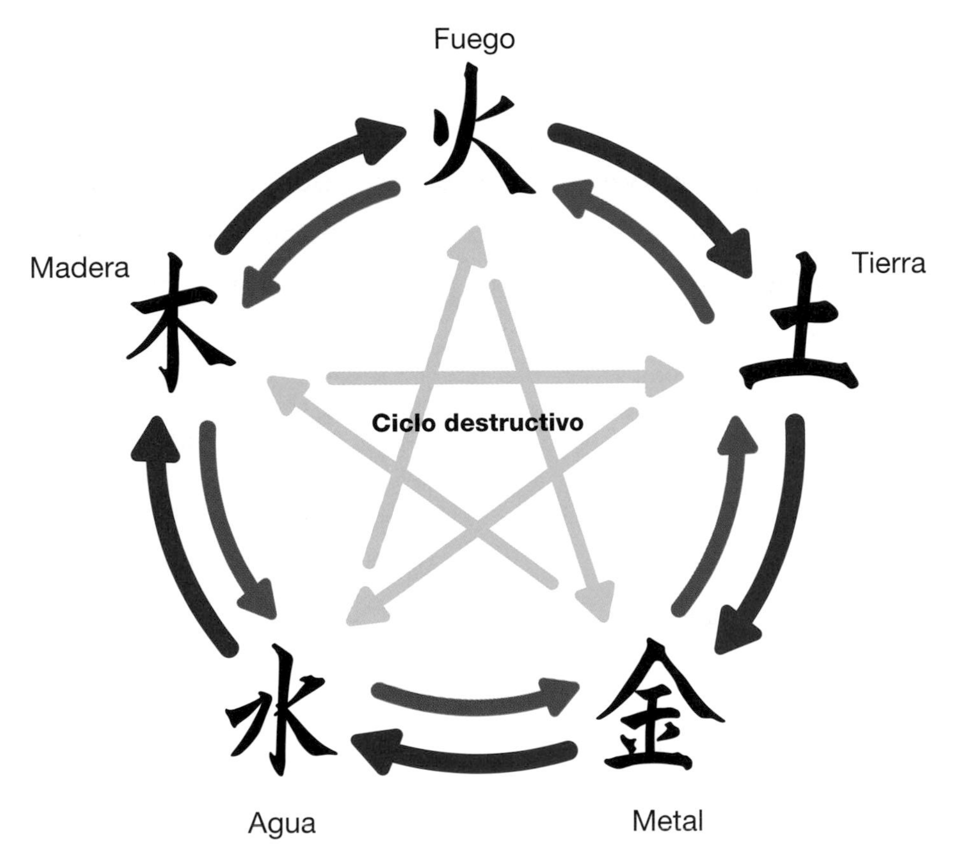

IZQUIERDA. Este diagrama muestra los tres ciclos de los cinco elementos en sus relaciones entre sí. Por ejemplo, en el ciclo destructivo podemos ver que el metal destruye la madera y la madera destruye la tierra, pero en el ciclo productivo la madera produce fuego y el agua produce madera, y así sucesivamente.

Hay tres relaciones, que dan lugar a los tres ciclos. Éstos se ilustran en el diagrama.

- Para aportar energía a esquinas del Pa Kua o mejorarlas, utilice el ciclo productivo de los cinco elementos para reforzar.

- Para instalar remedios y curas para un chi afligido en las esquinas del Pa Kua, use el ciclo agotador.

- Para vencer totalmente y controlar el chi asesino, use el ciclo destructivo.

La importancia de la teoría de los cinco elementos a la hora de planificar su vida de forma favorable se hará cada vez más obvia conforme vaya avanzando por este libro. La clave para usarla consiste en conocer el elemento de cada dirección tal como se muestra en la ilustración de la página 19. Ésta es la base sobre la que se idean todas las curas y remedios del feng shui. Procure cerciorarse de que el elemento de cada esquina no resulta dañado; así, por ejemplo, colocar agua en el sur apagará el fuego, pero colocar madera en el sur lo avivará. Del mismo modo, una lámpara colocada en los rincones tierra mejora dichos sectores, mientras que las plantas los dañan.

SÍMBOLOS DE LOS ELEMENTOS

Elementos de agua para la energía de agua

Lo mejor para el norte, y para atraer la suerte de la prosperidad activando el este y el sureste, es un elemento de agua. No es necesario que sea grande ni complicado, ni que esté repleto de peces caros. Sin embargo, en feng shui hay que distinguir entre agua yin, que está quieta y tranquila y no contiene peces ni plantas, y agua yang, que se mueve y está llena de chi vital. Así, el agua yang suele estar oxigenada, contiene peces o tiene plantas creciendo en su interior.

Para activar la suerte de la prosperidad es importante que emplee sólo agua yang como energizante. En los últimos años han surgido elementos de agua de todas clases, ya que cada vez son más las personas que son conscientes de los grandes beneficios del feng shui.

Cristales para la energía de tierra

La mejor manera de mejorar la energía de tierra es con cristales, que proceden verdaderamente «de la tierra» y son la manifestación más poderosa de la energía tierra. Resultan especialmente apropiados en el suroeste, que es el sector de los romances. Aquí es perfecto colocar dos trozos grandes de cuarzo rosa —o dos corazones de cuarzo rosa—, sobre todo porque éste es el cristal asociado con el amor incondicional y el chakra del corazón. El noreste también es un sector del elemento tierra, y poner en él un cristal redondo de cuarzo atraerá la suerte en los estudios y mejorará enormemente el rendimiento escolar de sus hijos.

Plantas para la energía de madera

Una manera excelente de representar el elemento madera en el este y el sureste, y de activar el elemento fuego en el sur, es con plantas. Las plantas vivas y jóvenes simbolizan el crecimiento hacia arriba y hacia fuera. Es muy importante que las plantas estén sanas y lozanas, así que deberá cerciorarse de tenerlas bien regadas y alimentadas, ya que las plantas muertas o moribundas no crean un chi favorable. Son

ideales las plantas jóvenes de hojas anchas, y las que dan flores representan el florecimiento de sus proyectos.

Luces para la energía de fuego

La iluminación es una de las herramientas más potentes del feng shui, pocas más pueden igualar su poder. En los rincones que se benefician de la energía del fuego (sur, noreste y suroeste) es una buena idea mantener las luces encendidas día y noche.

- Las luces brillantes en el sur traen fama y reconocimiento.

- Las luces brillantes en el suroeste traen amor, romance y ocasiones dichosas con la familia.

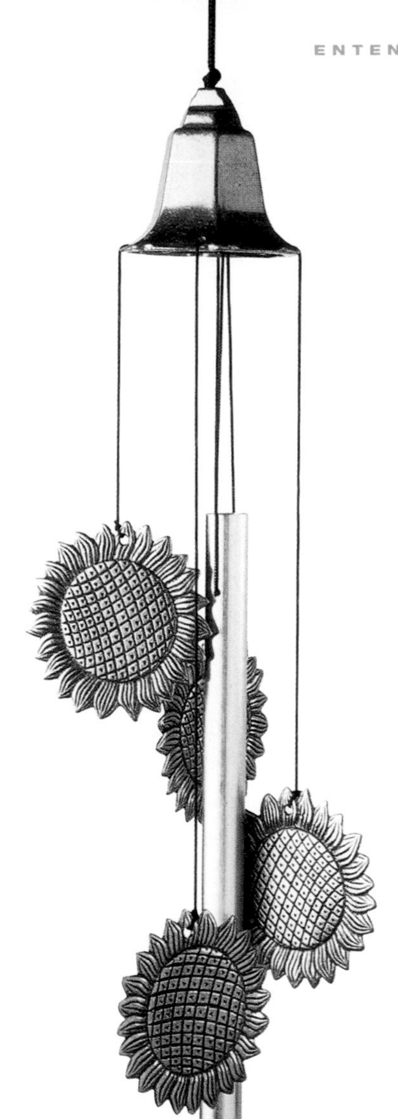

IZQUIERDA Y ENFRENTE. He aquí varios ejemplos de objetos que significan los elementos. En feng shui uno puede ser tan creativo como quiera en el uso de los elementos, pero hay que recordar no excederse: un exceso de fuego quema, mientras que demasiada agua puede ahogar. El equilibrio y la armonía son vitales a la hora de diseñar el espacio propio.

- Las luces brillantes en el noreste traen la suerte en los estudios.

- Las velas también son excelentes para representar el elemento fuego.

Campanitas de viento para la energía de metal

Las monedas son un modo excelente de representar la energía de metal en el oeste y el noroeste, y para energizar el elemento agua en el norte. Resultan perfectas tres monedas de oro chinas atadas juntas con cuerda o cinta roja para representar la vigorizante energía del fuego. También puede utilizar campanitas de viento metálicas, jarrones o cuencos de metal.

LA ASTROLOGÍA CHINA

La astrología china utiliza el día, la hora, el mes y el año de nacimiento de una persona para trazar su destino. También en feng shui se emplea el año, pues determina el signo del animal del zodíaco que le asigna un elemento y un número Kua, para averiguar sus localizaciones de buena y mala suerte.

El zodíaco chino está dividido en doce períodos, pero a diferencia del zodíaco occidental, que está dividido en períodos de aproximadamente un mes, cada uno de los doce animales del zodíaco chino reina un año entero, empezando en el año nuevo lunar que tiene lugar a finales de enero o principios de febrero. Los animales del zodíaco son la Rata, el Buey, el Tigre, el Conejo, el Dragón, la Serpiente, el Caballo, la Cabra, el Mono, el Gallo, el Perro y el Cerdo. La tabla siguiente muestra qué

Año de la Rata (Agua)

1924, 1936, 1948, 1960, 1972, 1984, 1996, 2008

Año del Buey (Tierra)

1925, 1937, 1949, 1961, 1973, 1985, 1997, 2009

Año del Tigre (Madera)

1926, 1938, 1950, 1962, 1974, 1986, 1998, 2010

Año del Conejo (Madera)

1927, 1939, 1951, 1963, 1975, 1987, 1999, 2011

Año del Dragón (Tierra)

1928, 1940, 1952, 1964, 1976, 1988, 2000, 2012

Año de la Serpiente (Fuego)

1929, 1941, 1953, 1965, 1977, 1989, 2001, 2013

animal está asociado con su año de nacimiento. Si usted nació antes del año nuevo lunar, está asociado con el animal del año anterior. Así, por ejemplo, si nació el 2 de enero de 1946, pertenece al signo astrológico del Gallo. Además, cada animal se asocia con uno de los cinco elementos, que también aparecen en la tabla. Al planificar su feng shui, usted puede trabajar con su signo del zodíaco y su elemento personal para que le ayuden a obtener el chi que le aporte la mejor suerte.

El zodíaco también permite calcular los números Kua (véanse las páginas 59-60), que revelan sus direcciones favorables y desfavorables. Es el número Kua el que permite usar las teorías de los elementos, las direcciones y los símbolos para ponerlo en armonía con su entorno y abrir el mundo del feng shui personalizado. Además, el número Kua revela las direcciones que aportan la mejor clase de riqueza, romance, desarrollo personal y suerte en la salud. También revela si su hogar está en sincronización con su energía personal. Del mismo modo, el número Kua le dice qué direcciones le son perjudiciales, le traen mala suerte o hacen que atraiga enemigos o pérdidas totales.

Saber usar las direcciones de la brújula se conoce como la práctica del feng shui de las Ocho Mansiones (véanse las páginas 57-65). Al practicar simplemente el feng shui de las Ocho Mansiones, de inmediato verá cambios positivos en su vida.

Año del Caballo (Fuego)

1930, 1942, 1954, 1966, 1978, 1990, 2002, 2014

Año de la Cabra (Tierra)

1931, 1943, 1955, 1967, 1979, 1991, 2003, 2015

Año del Mono (Metal)

1932, 1944, 1956, 1968, 1980, 1992, 2004, 2016

Año del Gallo (Metal)

1933, 1945, 1957, 1969, 1981, 1993, 2005, 2017

Año del Perro (Tierra)

1934, 1946, 1958, 1970, 1982, 1994, 2006, 2018

Año del Cerdo (Agua)

1935, 1947, 1959, 1971, 1983, 1995, 2007, 2019

EL SIMBOLISMO DEL FENG SHUI

La práctica del feng shui se basa en adoptar una estrategia defensiva. Esto protege su hogar y su despacho de la acción de un «chi asesino», que crea feng shui malo y sus esfuerzos por activar y mejorar su feng shui bueno.

El feng shui prescribe muchos métodos de protección, desde la simple colocación de imágenes guardianas hasta la aplicación más compleja de curas simbólicas, que se emplean en conjunción con el feng shui de fórmulas. Existen diversos tipos de chi asesino, que requieren diferentes tipos de protección y de curas. El chi malo puede darse a causa de estructuras hostiles o ser producido por fuerzas invisibles e intangibles. El feng shui malo puede deberse a desequilibrios en el chi yin/yang del espacio. El feng shui enseña a reconocer cuándo es necesario poner en práctica remedios para alejar la mala suerte y superar la energía que causa las desgracias.

El simbolismo desempeña un papel importante en la práctica del feng shui. Los chinos cuentan con toda una variedad de símbolos y deidades, conocidas como «guardianes celestes».

ZHONG KUEI (o Chong Kuei) protege contra los malos espíritus. Suele representarse con una espada en la mano derecha y una jarra de vino en la izquierda. Tiene un semblante feroz y le encanta beber, pero también está alerta y atento a la calidad de la energía que le rodea. Su imagen ahuyenta a los «demonios» (personas que abrigan malas intenciones hacia usted).

KUAN KONG, sobre todo el Kuan Kong de los cinco dragones, es una deidad iracunda, valiosa porque se dice que protege física y espiritualmente. Kuan Kong también protege la riqueza.

DERECHA. Kuan Kong, el dios chino de la guerra, se considera un poderoso guardián en feng shui.

DRAGONES, TORTUGAS, FÉNIX Y TIGRES ocupan un lugar prominente en la práctica del feng shui. Estas criaturas son los cuatro guardianes celestiales de cualquier morada yin o yang. En el entorno exterior se dice que representan las colinas y montañas que rodean un edificio. Dentro del hogar, son símbolos muy propicios por derecho propio, aparte del tigre blanco, que es mejor mantenerlo a distancia. De los cuatro, el más prominente y significativo es el dragón, uno de los más favorables que existen. Tener su imagen en casa siempre atrae la buena energía yang. También las tortugas son muy importantes, y muchos creen que como imágenes protectoras son todavía mejores. Coloque tortugas en el norte y preferiblemente en la mitad trasera de su vivienda, pero no en la cocina. Las tortugas dragón son una poderosa combinación de ambas criaturas, pues crean el chi del valor del dragón y el chi protector de la tortuga.

■ Entre otras imágenes protectoras se encuentra un par de perros Fu, un par de Chi Lin —criatura mítica que tiene cabeza de dragón, cuerpo de caballo y escamas como los peces—, otros animales feroces y los poderosos Dioses de la Puerta.

Coloque los guardianes celestiales correctamente

Los símbolos de protección han de colocarse en los lugares adecuados. La zona crucial es junto a la puerta de entrada o cerca de ella. Ésta es la boca de la casa, por donde entra el chi. Puede poner una imagen de Kuan Kong en el vestíbulo, junto a la puerta, pues se dice que, con su fiero semblante mirando directamente a todo el que entra, hasta los fantasmas y ladrones más avezados salen huyendo. Un Kuan Kong de cinco dragones, hecho de metal y en posición de pie o sentado, también es una cura muy potente para muchas aflicciones de Estrella Voladora (véanse las páginas 93-95).

Las inmediaciones de la puerta principal constituyen un lugar estupendo para colgar una imagen de Zhong Kuei o imágenes de los Dioses de la Puerta. También aquí es donde resulta más efectivo colocar un par de perros Fu o de Chi Lin. Colocados uno a cada lado, estos guardianes celestes crean una excelente protección contra las personas perjudiciales, contra los engaños y los robos. Los perros Fu y los Chi Lin pueden situarse al nivel del suelo o más elevados.

En el caso de los pisos, deben colocarse justo fuera, a cada lado de la puerta de entrada. Si la puerta de entrada de su piso da al ascensor, esto resulta crucial para protegerse del simbólico chi atacante que emerge del eje del ascensor. En el caso de viviendas en parcelas con verjas de entrada, los perros Fu deben colocarse en lo alto de la verja, mirando hacia fuera. No tenga demasiados símbolos protectores a menos que su espacio sea muy grande. El equilibrio resulta vital.

IZQUIERDA. La tortuga dragón sentada sobre un lecho de monedas significa protección y prosperidad. La pequeña cría que lleva a la espalda simboliza el buen feng shui también para la generación siguiente.

ABAJO. Los perros Fu son excelentes cuando se colocan a cada lado de la puerta de entrada. Ponga el perro hembra (el que lleva el cachorro) a la derecha mirando hacia fuera, y el perro macho (el que lleva el globo) en el lado izquierdo, mirando hacia fuera.

FENG SHUI CON BRÚJULA

El auténtico feng shui chino siempre utiliza la brújula. Los usuarios avanzados emplean el Lo Pan —la brújula feng shui— que contiene muchas de las poderosas fórmulas de brújula. Pero para el aficionado basta con una brújula occidental.

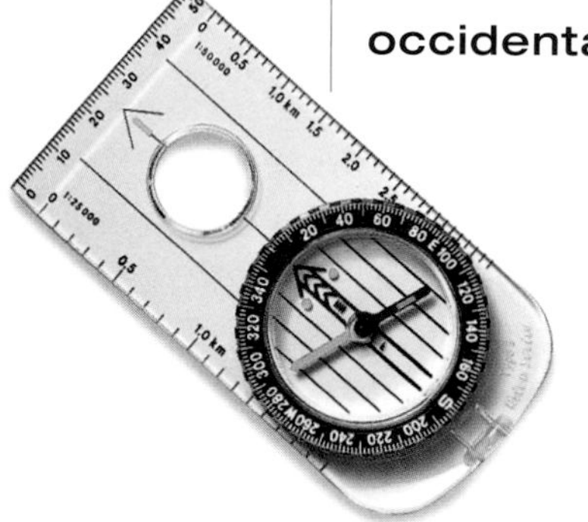

ARRIBA. Es esencial usar una buena brújula para tomar las direcciones. La precisión es vital en la práctica del feng shui.

La fórmula de las Ocho Mansiones utiliza gráficos (véase la página 65) que muestran la distribución de la suerte en un edificio y cómo ésta va cambiando según la dirección a la que apunta la puerta principal. Estos gráficos no deben confundirse con los que se emplean en las fórmulas del Trigrama y Estrella Voladora. En la fórmula de Estrella Voladora se ha de determinar la dirección a la que está orientada la casa en sí, y no sólo la dirección de la puerta.

Para determinar la dirección a la que está orientada su casa, debe utilizar una brújula. Resulta de utilidad invertir en una brújula buena, procure obtener una que sea exacta y fiable y que tenga los grados marcados con claridad. Asegúrese de tomar lecturas exactas; de hecho, para el feng shui es una buena idea hacer por lo menos tres lecturas.

En la mayoría de los casos, la dirección de orientación de la casa se toma en la puerta principal, de pie en la parte de dentro y mirando directamente hacia fuera. Ésta suele ser la dirección en la que se encuentra la calle principal, la fuente de máxima energía yang.

No obstante, a veces puede que la casa esté orientada a una dirección mientras que la puerta da a otra. Por regla general, tendrá que decidir la dirección mirándola y escogiendo entre varios criterios posibles:

- La dirección de la calle principal, si la puerta de entrada está en el lado de la casa que da a un garaje o una pared.

- La dirección en la que hay una ventana grande que tiene las vistas más libres de obstáculos.

- La dirección que da al terreno de abajo, donde puede haber un patio que da al exterior.

- La dirección que da al camino de entrada de coches de la casa.

En el caso de los edificios de pisos, busque la dirección que da a la calle o al paisaje y utilícela como la dirección de orientación del edificio o de su casa. Si tiene dudas, analice un par de gráficos para ver cuál es el que mejor describe la suerte actual de su casa.

Una vez que sepa cuál es la dirección de orientación de su puerta y de su casa, podrá determinar la dirección de asiento, que es la directamente opuesta a la dirección de orientación. Así, cuando la casa da al norte, se asienta en el sur; cuando da al este, se asienta en el oeste, y así sucesivamente.

DIRECCIONES FAVORABLES EN EL FENG SHUI DE LAS OCHO MANSIONES

Los gráficos feng shui de las Ocho Mansiones muestran cómo se distribuye la suerte en las diferentes zonas de un edificio. Esto forma parte de la fórmula Kua de las direcciones personalizadas buenas y malas de cada persona. Las direcciones de orientación y de asiento tienen una importancia vital cuando se usa la fórmula Kua para personalizar el feng shui (véanse las páginas 59-61). De hecho, el mejor uso en el hogar de las direcciones Kua de las Ocho Mansiones consiste en colocar el mobiliario de forma que cada residente pueda aprovechar sus propias direcciones personales que le son «favorables». Al hablar de direcciones «favorables» nos referimos tanto a la dirección de orientación como a la de asiento.

En ocasiones, las dos direcciones, la de orientación y la de asiento, son buenas. Por ejemplo, si se sienta al sur está mirando hacia el norte, de modo que las dos direcciones son buenas para usted si es una persona del grupo este. (El concepto de grupos este y oeste se explica en la página 61.) Del mismo modo, si se sienta en el noreste mirando hacia el sureste, si es una persona del grupo oeste, tanto la dirección de orientación como la de asiento son buenas para usted.

No obstante, hay casos en los que sólo es buena para usted una de las dos direcciones; por ejemplo, cuando mira al oeste estará sentado en el este, y cuando mire al noroeste estará sentado en el sureste. Estas direcciones de orientación y de asiento están en conflicto, ya que pertenecen a grupos de direcciones distintos. En situaciones como ésta, tiene más peso la dirección de orientación.

IZQUIERDA. Siéntese mirando a su mejor dirección para atraer un buen futuro.

ENTENDER LA CUADRÍCULA LO SHU

La cuadrícula Lo Shu es uno de los símbolos más poderosos del feng shui que se han revelado a Occidente en los últimos años. Es este cuadrado —una matriz de números de tres por tres— el que permite descifrar los secretos del Pa Kua y las fórmulas de la brújula Lo Pan.

ABAJO. Ésta es la cuadrícula Lo Shu de nueve números colocados con el 5 en el centro. Este cuadrado descifra muchas de las fórmulas avanzadas del feng shui. También se muestran las direcciones de la brújula y los colores asociados a cada número. A su lado se muestra un diagrama que ilustra el «vuelo de los números» descrito en la página 31.

Para comprender la cuadrícula Lo Shu, observe la ilustración inferior. Estudie la colocación de los números en cada una de las nueve secciones y fíjese en que el número del centro es el 5, y es un número de tierra que separa números mayores y menores; cualquier grupo de tres números en sentido horizontal, vertical o diagonal suma 15.

Números y direcciones Lo Shu

La cuadrícula Lo Shu es lo que da un número a cada una de las ocho direcciones del Pa Kua. Así, el número 9 se designa como el número de la dirección sur, y el número 1 se designa como el número de la dirección norte. Los números de las ocho direcciones de la brújula son: el 9 es el sur, el 1 es el norte, el 3 es el este, el 7 es el oeste, el 2 es el suroeste, el 8 es el noreste, el 4 es el sureste y el 6 es el noroeste (véase la ilustración, abajo). Como el 5 es el número del centro, carece de dirección de la brújula.

El número que corresponde a cada una de las direcciones se averigua superponiendo la cuadrícula Lo Shu y sus números al Pa Kua. Dichos números

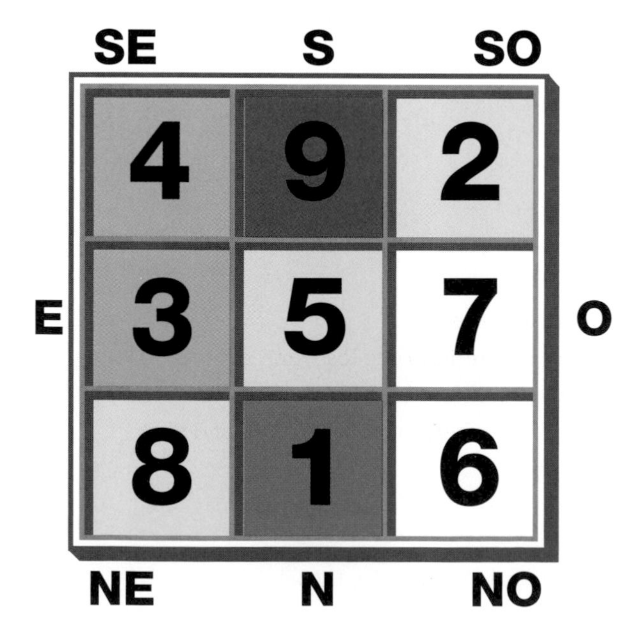

indican la energía numérica de los sectores. Cuando se combinan con los cinco elementos, se ve lo siguiente:

- Usted pone un elemento de agua en el norte porque ahí el número es el 1 y el agua es el elemento del norte.

- Usted pone campanitas de viento de seis varillas en el noroeste porque ahí el número es el 6 y su elemento es el metal.

- Usted pone un par de patos de cristal en el suroeste porque ahí el número es el 2 y su elemento es la tierra (los cristales).

- Usted pone ocho cristales en el noreste porque ahí el número es el 8 y el elemento es también la tierra.

- Usted pone siete monedas en el oeste porque ahí el número es el 7 y su elemento es el metal.

- Usted pone nueve faroles en el sur porque ahí el elemento es el fuego y el número es el 9.

- Usted pone cuatro plantas en el sureste porque ahí el número es el 4 y el elemento es la madera.

- Usted pone tres plantas en el este pues el número es el 3 y el elemento es la madera.

Números y colores Lo Shu

Igual que existe una correlación entre números y direcciones de la brújula y elementos, también hay una relación entre números y colores. Así, el 1 se muestra en azul, el 9 en rojo, los números 3 y 4 en verde, el 6 y el 7 en blanco, y el 2 y el 8 en amarillo.

IZQUIERDA. El movimiento de los números ha creado un símbolo especial, que se muestra como dos símbolos apuntados: el uno situado sobre el otro con una línea recta en diagonal que los cruza. Este símbolo se conoce como el «Sello de Saturno», y en feng shui taoísta muy avanzado se emplea dicho signo como un potente amuleto para superar el exceso de chi muerto de una casa.

Números Lo Shu y simbolismo

Además del simbolismo de los números y la relación de éstos con las direcciones, los elementos y los colores, también resulta significativo observar cómo, siguiendo el movimiento de los números desde el centro de cada uno de los cuadrados y usando los números ascendentes como guía, se puede ver que se forma un símbolo (véase la ilustración, arriba). Observe cómo el 5 del centro se transforma en el 6 del noroeste; luego en el 7 del oeste, después salta hasta el noreste como un 8, luego salta de nuevo hasta el sur en forma de 9, hacia el norte como un 1, al suroeste como un 2, y después hacia el este como un 3 y al sureste como un 4. En la segunda ilustración de la página 30, esto se muestra como el movimiento de A a B, después a C, y así sucesivamente.

Este movimiento de los números se conoce también como el «vuelo de los números», y permite crear un mapa de la suerte para cualquier edificio durante cualquier período de tiempo, siempre que se conozca el número central Lo Shu correspondiente al año, mes o día.

EL USO DE FÓRMULAS POTENTES

Una vez que se haya familiarizado con el método básico del feng shui, el Pa Kua, explicado en las páginas 42-55, puede pasar a otros métodos más potentes y emplearlos para adquirir control sobre su vida trabajando con sus direcciones y elementos personales. He aquí una breve introducción a las tres fórmulas, que más adelante se explicarán de manera más detallada.

1. La fórmula de las Ocho Mansiones (páginas 56-65)

Se trata de una fórmula personalizada, que divide a todo el mundo en personas del grupo este o del grupo oeste. Las personas de uno y otro grupo tienen direcciones, números, trigramas y casas favorables y desfavorables. Así, existen números y direcciones del grupo este y números y direcciones del grupo oeste. La fórmula afirma que, basándose en el año lunar del nacimiento y en el género, es posible calcular el número Kua. Basándonos en el número Kua, es posible saber:

DERECHA. Aquí se muestra un ejemplo de un gráfico de las Ocho Mansiones. La flecha negra señala la dirección hacia la que mira la casa. Los cuadrados coloreados en azul indican las cuatro direcciones buenas, y los rojos las cuatro direcciones de mala suerte.

	SE	S	SO	
	FU WEI crecimiento personal	TIEN YI salud	WU KWEI cinco fantasmas	
E	NIEN YEN romance	KUA 4 SIENTA SUR	LUI SHAR seis asesinos	O
	CHUEH MING pérdida total	SHENG CHI riqueza	HO HAI mala suerte	
	NE	N	NO	

- si usted es una persona del grupo este o del grupo oeste
- cuáles son sus direcciones favorables y desfavorables
- cuál es su trigrama personal de la suerte
- cuál es su número personal de la suerte

Conocer las Ocho Mansiones permite practicar un feng shui personalizado muy potente. Armado tan sólo de una brújula y de la información mencionada arriba, usted podrá seleccionar casas, habitaciones, direcciones y esquinas que le aporten la máxima suerte. Es más, podrá dar medidas para cerciorarse de estar protegido contra el hecho de estar viviendo sin darse cuenta en casas inadecuadas, de encontrarse en el interior de habitaciones desfavorables y de estar mirando hacia direcciones que no traen suerte.

2. La fórmula del Trigrama de la Casa (páginas 66-81)

Según la fórmula del Trigrama de la Casa, las casas se clasifican en ocho tipos, cada uno de

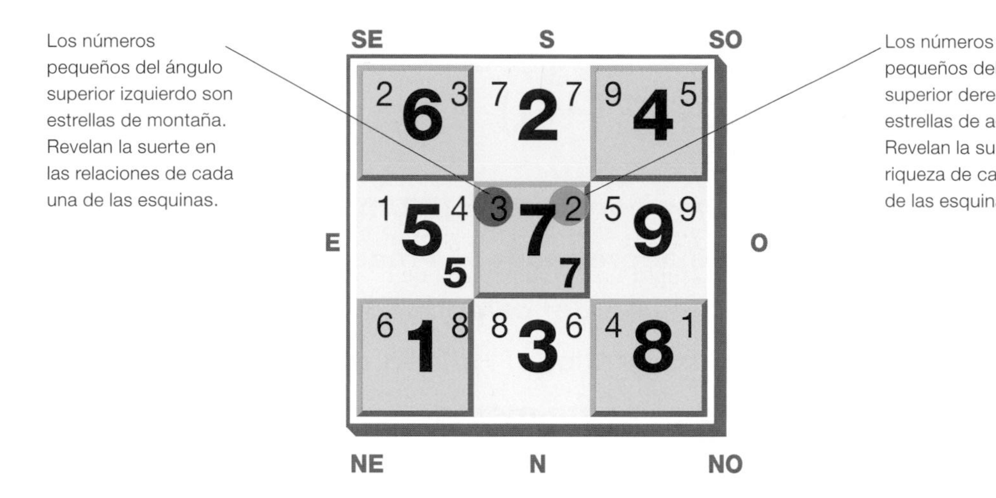

IZQUIERDA. Aquí se muestra un típico gráfico de Estrella Voladora de una casa. No deje que este gráfico le intimide; sólo hay nueve números que memorizar. Una vez que aprenda a leer este gráfico, desvelará fabulosos conocimientos nuevos.

ellos con el nombre de uno de los ocho trigramas. Este método se basa en la dirección de asiento de una vivienda (véase la página 28). El trigrama de la casa determina el gráfico de la misma. Dicho gráfico se utiliza junto con las cartas anuales y mensuales de Estrella Voladora para alertar a los ocupantes de la casa respecto de malas combinaciones de estrellas que traen dolencias, enfermedades y pérdidas. Este método de feng shui es excelente para mantenerse al tanto de la energía chi asesina, que se crea con el simple transcurrir del tiempo. La fórmula del Trigrama de la Casa se usa junto con la de las Ocho Mansiones para determinar la compatibilidad de las casas con sus ocupantes, basándose en sus números Kua personales.

3. La fórmula de Estrella Voladora (páginas 82-109)

Esta poderosa fórmula revela la transformación, de un período a otro, de la suerte en cualquier espacio donde se vive, y permite planificar la vida consecuentemente. Esta fórmula identifica diversos tipos de suerte buena y mala en los Nueve Palacios de cualquier hogar, además de identificar las estrellas de la enfermedad y las pérdidas. Los Nueve Palacios son las habitaciones de la casa marcadas según las direcciones de la brújula.

La fórmula se basa en los números de la cuadrícula Lo Shu y tiene que ver con la numerología del feng shui, es decir, saber lo que significan los números del 1 al 9 y lo que indican sus combinaciones. Cuando usted lea una carta natal de Estrella Voladora, descubrirá lo efectivo que puede ser el feng shui, y cuando diseñe su espacio de acuerdo con la información que se ofrece en dichas cartas, como mínimo quedará protegido definitivamente contra un feng shui nocivo. La fórmula de Estrella Voladora tiene un poder especial cuando se usa junto con la fórmula Kua de las Ocho Mansiones y con el feng shui simbólico (taoísta).

USE SU PROPIO CRITERIO

Habrá muchos casos en los que las diferentes fórmulas parezcan ofrecer consejos distintos. Ahí es donde deberá hacer uso de su propio juicio. Cuando no sea posible cumplir todos los criterios, escoja el consejo que resulte más fácil de llevar a la práctica.

LA INFLUENCIA DEL TIEMPO EN EL FENG SHUI

En el pasado, no era muy conocida la potente práctica del feng shui de Estrella Voladora, pues los maestros la mantenían en secreto, y requería el uso del calendario de mil años y la fórmula para elaborar los gráficos. Hoy en día, cada vez resulta más fácil acceder a este método.

En los últimos años se han desvelado grandes conocimientos del feng shui, entre ellos información relativa a las cartas anuales y mensuales que pueden trazarse para investigar la suerte de diferentes casas.

En las páginas 36-37 observará cómo he simplificado el calendario de mil años (también conocido como calendario HSIA) en dos tablas que permiten a cualquiera que posea un breve conocimiento de los gráficos Estrella Voladora buscar los números Lo Shu correspondientes a cada año y cada mes, y a partir de ahí elaborar los gráficos. ¡Es un verdadero avance!

Las cartas anuales y mensuales se presentan siempre en el mismo formato que la cuadrícula Lo Shu. Una carta anual simplemente muestra cuál de los nueve números rige cada uno de los ocho sectores de direcciones en un año o un mes dado. Al observar los números y conocer sus significados, sabremos traer buena o mala suerte a ese sector. Esto, en efecto, nos ofrece un sistema de advertencia temprana respecto de una potencial mala suerte que pueda llegar en forma de una enfermedad, un robo o un accidente, y nos permite poner remedio y también tomar precauciones adicionales.

Con sólo elaborar los gráficos para cualquier mes o año, podremos decir si el dormitorio o el despacho, por ejemplo, tendrán una energía chi buena o una energía chi de enfermedad. A la hora de efectuar el análisis pueden consultarse las tablas de significados que se acompañan en las páginas 72-80.

El proceso es exactamente el mismo para los gráficos diarios o incluso horarios. Consultando los números Lo Shu correspondientes para cada hora o día, podemos generar más números para explicar la suerte de esa hora.

El modo en que se confeccionan las cartas anuales y mensuales se basa en el número Lo Shu que rige ese año o ese mes. Los números Lo Shu que rigen el año, el mes, el día y la hora forman parte del almanaque chino. A partir de ese número se generan los gráficos simplemente colocando el número regente en el centro de la cuadrícula y, a partir de ahí, empleando el patrón de vuelo del cuadro Lo Shu original (véase la página 30), podemos rellenar todos los números de los otros sectores. De manera que la clave consiste en obtener el número central.

En el gráfico superior aparecen las cartas

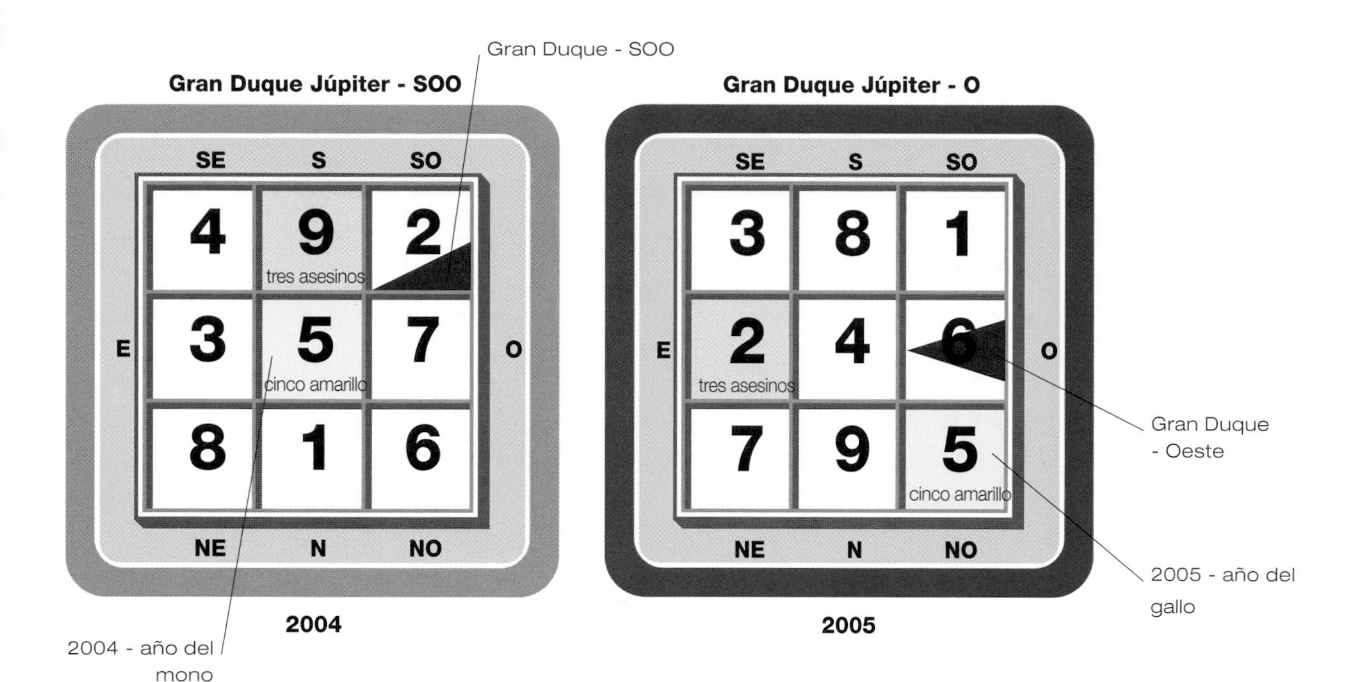

Lo Shu anuales de los años 2004 y 2005, con los lugares afligidos indicados (arriba). El número 5 es el número regente para 2004, de modo que ha sido colocado en el centro del gráfico. La carta de 2004 revela que en este año el sector favorable de la casa será el noreste, el cual favorece a los estudiantes.

Si la puerta principal de su casa o su dormitorio se encuentran situados en el noreste, disfrutará de buena suerte durante el año. Por desgracia, el número 5, que se conoce como el mortal cinco amarillo (véase la página 102), ha volado hasta la casilla del centro, y eso significa un año de cierta desventura para aquellos cuyo ciclo de la suerte se encuentra en un punto bajo. Es vital colocar energía de metal (campanitas de viento metálicas, por ejemplo) en el centro de la vivienda. En 2004, dado que la estrella de la enfermedad 2 ha volado hasta el suroeste, resultará beneficioso poner ahí campanitas de viento metálicas todo el año. En 2004 tampoco es recomendable sentarse mirando hacia el suroeste, ya que ahí reside el Gran Duque Júpiter (véase la página 101). Tampoco es aconsejable llevar a cabo o iniciar renovaciones en el suroeste.

Sin embargo, en 2005 la estrella de la enfermedad ha volado hacia el este, que también es donde se encuentran los tres asesinos (véase la página 103). En 2005 la dirección este se verá afligida, y si la puerta de su casa o su dormitorio están situados en ese punto, ello atraerá cierta desgracia. Resultará beneficioso el uso de energía de metal (pero no campanitas de viento, pues activarían los tres asesinos). El mortal cinco amarillo vuela hasta el noroeste llevándose la mala suerte y al patriarca de la familia.

En 2005, el sector que tendrá mejor suerte será el sur. Así que si su dormitorio o la puerta de su casa están en el sur, seguramente tendrá un año muy bueno, ya que el número 8 es un número muy afortunado desde 2004 hasta 2024.

ARRIBA. En las cartas anuales podrá ver que el sector más afortunado es el noreste en 2004 y el sur en 2005. Esto se debe a que están ocupados por el más favorable de los números, el 8.

LOS NÚMEROS LO SHU PARA LOS AÑOS 2001 AL 2023	
AÑO	NÚMERO REGENTE
2001	8
2002	7
2003	6
2004	5
2005	4
2006	3
2007	2
2008	1
2009	9
2010	8
2011	7
2012	6
2013	5
2014	4
2015	3
2016	2
2017	1
2018	9
2019	8
2020	7
2021	6
2022	5
2023	4

EL HORÓSCOPO DEL FENG SHUI

Puede utilizar la tabla de la izquierda para averiguar el número Lo Shu regente de un año y a partir de ahí trazar una carta anual para ese año. Así obtendrá el mapa de la suerte de un edificio o casa correspondiente a ese año.

Hasta hace muy poco, pocas personas sabían lo fácil que es confeccionar la carta anual Lo Shu. El número Lo Shu equivalente para cada año siempre se proporciona en el almanaque chino, de donde se ha sacado la tabla que se muestra a la izquierda. Esta tabla permite trazar nuestras propias cartas del horóscopo feng shui para cada año basándonos en el número anual (número «regente»).

Puede combinar el número anual con los gráficos de Trigramas de la página 70 para ver cómo los números anuales (conocidos como estrellas voladoras) afectan a cada una de las habitaciones de su casa.
A continuación, puede emplear las tablas de significados de las páginas 72-80 para analizar los efectos de dichos números. También puede utilizar las estrellas voladoras de montaña y de agua (véanse las páginas 82-109) para obtener más información todavía sobre las zonas de buena y mala suerte de su vivienda. Estas combinaciones se aplican también a los números de las cartas mensuales de cada uno de los sectores. Así conocerá la suerte de su propio hogar/tienda/despacho en cualquier mes. Inténtelo, se sorprenderá de lo exacto que es. Por ejemplo, cuando el 8 mensual y anual converge en el sector en que usted tiene la puerta de entrada de su tienda, descubrirá que las ventas se incrementan. Pero cuando converge el 5, seguro que las ventas decaen, a no ser que ponga en práctica algún remedio. Aquí radica la gran ventaja de conocer el feng shui dimensionado en el tiempo.

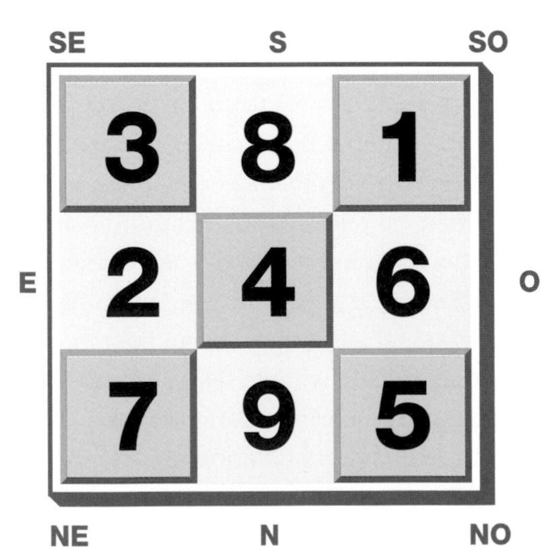

DERECHA. Este gráfico es la carta Lo Shu para 2005, con el número 4 en el centro. Cada año los números se desplazan por el cuadrado siguiendo el patrón conocido como el vuelo de los números.

En el ejemplo de la izquierda, en el año 2005 el número regente es el 4, de modo que la cuadrícula Lo Shu confeccionada para ese año se basa en que el 4 ocupa el centro. Intente averiguar cómo se elabora la carta del 2005. Vea que el siguiente número, el 5, está situado en el noroeste, y que el siguiente a ése, el 6, está en el oeste, y así sucesivamente. Esta colocación de los números sigue la secuencia de las direcciones como la cuadrícula Lo Shu original que figura en la página 30, la cual tiene el 5 en el centro.

Esto se conoce como el «vuelo de los números» en la cuadrícula Lo Shu. El patrón de vuelo es en realidad muy simple.

HORÓSCOPO FENG SHUI MENSUAL

Una vez que haya dominado los números estrella anuales y haya aprendido a confeccionar las cartas de cada año, estará listo para pasar a las cartas mensuales. Una vez más, deberá usar los números Lo Shu regentes. Éstos serán los números regentes de los diferentes meses. El calendario utilizado es el HSIA, que es distinto del calendario lunar, de tal modo que cada año el primer mes empieza el 4 de febrero, que se describe como el Lap Chun, el primer día de primavera. A veces empieza el 5 de febrero, pero las fechas que indican el inicio de cada uno de los meses del calendario HSIA son bastante precisas. La tabla inferior permite crear la carta de cualquier mes de los próximos mil años.

Una vez que conozca los números mensuales de cada sector de la cuadrícula que representa su casa, podrá realizar un feng shui avanzado en los interiores de la vivienda. Al principio le resultará difícil, pero persevere. No es difícil, pero necesita concentrarse. Esto forma parte de la teoría de la ciencia del feng shui que utiliza la brújula y el Lo Pan. Es una fórmula muy poderosa para adaptar con exactitud el feng shui a su hogar, su oficina o su tienda, y puede emplearla para averiguar por qué ha tenido tan buena suerte en unos meses y por qué en otros las cosas le han salido tan mal. Lo más importante es aplicar remedios para vencer los números malos cuando vuelan a un sector.

NÚMEROS LO SHU PARA DIFERENTES MESES EN DIFERENTES AÑOS

MES	COMIENZO DEL MES	Número Lo Shu en el AÑO de la RATA, CONEJO, CABALLO y GALLO	Número Lo Shu en el AÑO del PERRO, CABRA, DRAGÓN y BUEY	Número Lo Shu en el AÑO del TIGRE, SERPIENTE, CERDO y MONO
1	4 febrero	8	5	2
2	6 marzo	7	4	1
3	5 abril	6	3	9
4	6 mayo	5	2	8
5	6 junio	4	1	7
6	7 julio	3	9	6
7	8 agosto	2	8	5
8	8 septiembre	1	7	4
9	8 octubre	9	6	3
10	7 noviembre	8	5	2
11	7 diciembre	7	4	1
12	6 enero	6	3	9

Nota: Las fechas pueden sufrir una variación de más o menos un día. Lo que se indica arriba es el resumen del calendario de mil años, que debe consultarse para efectuar un análisis más preciso de la suerte de acuerdo con los meses y los años.

ANTES DE EMPEZAR

La mejor manera de practicar el feng shui es comenzar observando la visión de conjunto. Fíjese en la impresión global y examine los alrededores externos de su hogar antes de entrar en detalles.

Se sorprenderá de lo que se le había pasado por alto. Por ejemplo, si se coloca junto a la puerta de entrada y fotografía el panorama que tiene enfrente podrá identificar obstáculos y aflicciones físicas. La mejor panorámica que se puede tener es un campo llano o un terreno abierto. Cuando detecte objetos dañinos u hostiles en el exterior, siempre debe crear una protección para su puerta bloqueando la vista o reflejándola hacia otro lado.

Sintonizar con la pauta y el flujo del chi en el interior de un espacio vital no requiere nada más que enfocar bien la concentración. De pie frente a la puerta principal, mirando hacia fuera, intente percibir la sensación de si la energía que está recibiendo es benevolente o agitada. En terminología feng shui, el chi bueno se denomina en general sheng chi, la respiración cósmica del dragón. El chi dañino o asesino se llama shar chi. El chi bueno puede ser también wang chi, que es un chi maduro, y el chi malo puede ser también chi negativo o chi muerto. Al desarrollar la percepción podrá diseñar tipos de energía buena para el interior de su hogar.

Dibuje un plano

Al hacer el feng shui de cualquier vivienda, debe tener siempre en cuenta el plano del suelo, para ver dónde está situada cada

DERECHA. Ésta es una cocina moderna y despejada, que posee un maravilloso flujo de chi. Cuando la cocina tiene un buen feng shui, la salud de la familia es fuerte y robusta.

habitación en relación con las demás. También necesita un buen plano del suelo para saber cómo circula la energía por el interior de la casa. Cuando examine el interior de la vivienda, tome nota de las formas, los colores, las líneas, las dimensiones y la colocación de los objetos y de los muebles. Fíjese si las habitaciones son acogedoras o si la energía provoca un rechazo.

Elimine el exceso

Casi todos los que practican el feng shui están de acuerdo en que recargar la casa no atrae un buen feng shui; de hecho, hace que la suerte se vea gravemente bloqueada, de modo que será difícil que llegue la suerte en el éxito. Elimine el exceso de objetos de su casa.

Las viviendas no necesitan ser tan asépticas como un hospital, pero cuando se deja que los cuartos de estar y los dormitorios se llenen de periódicos viejos y revistas, ropa sucia y demás cosas, con seguridad se bloqueará el flujo de energía. De igual modo que no debe bloquearse el flujo del chi en el cuerpo humano, ya que ello es causa de enfermedad, en el hogar el chi debe fluir suavemente. Cuando la energía del hogar enferma, afecta también a la suerte de sus ocupantes.

De hecho, eliminar el exceso de objetos puede ser muy terapéutico. Pruebe a hacerlo cuando se sienta aletargado. Despeje la mesa de trabajo, archive todas las cartas y notas y tire toda la basura que se acumula con el tiempo, y mientras lo hace, sienta cómo su energía se va aligerando y haciendo más brillante. En el dormitorio, donde la ropa tiende a asfixiar el espacio del armario y los trastos metidos bajo la cama pueden hacer que se manifieste toda clase de feng shui perjudicial para la pareja que duerme en ella, dedique un poco de tiempo a eliminar el desorden. Tire a la basura la ropa vieja y pasada de moda. A no ser que haga sitio para la ropa nueva, su energía permanecerá estática.

Los maestros del feng shui taoísta siempre defienden que hay que hacer sitio para que entren cosas nuevas en nuestra vida. Por esta razón nunca les gusta que las urnas de arroz estén llenas hasta el borde, pues siempre debe quedar espacio para nuevas oportunidades y otras cosas buenas. Eliminar el exceso de cosas implica hacer sitio para que fluya la energía nueva.

En la cocina, el espacio debe mantenerse siempre totalmente limpio y despejado. Nunca deje comida sobre la mesa, y mantenga cerrados los cubos de la basura para evitar olores desagradables. No atraiga bichos, pues eso aporta energía negativa a la cocina. No hay nada que perjudique tanto al feng shui como la comida rancia y los platos sucios y sin fregar. Procure lograr un ambiente feliz y despejado en todas las habitaciones.

ARRIBA. Aquí se muestra una cocina más bien atestada. En una situación así, la energía chi es confusa. Además de despejar los trastos, también sería útil quitar los platos de las paredes, cerca del techo.

EL MÉTODO PA KUA

A estas alturas, usted ya debe de sentirse lo bastante seguro para empezar a poner en práctica sus conocimientos de feng shui. Si es un principiante en feng shui, el método Pa Kua le ofrece una forma sencilla de comenzar a activar los rincones de su casa. Puede emplear este fácil método para mejorar su feng shui en cualquier habitación de la casa que usted utilice normalmente, con el fin de atraer cualquiera de las ocho clases de suerte.

Tenga en cuenta que cuando aplique el feng shui a una habitación empleando este método, no sentirá los beneficios a menos que use dicha habitación con regularidad. También es buena idea tener todas las habitaciones bien ventiladas y dejar que se beneficien de cierta energía solar. En el invernadero que se ilustra aquí, se ha creado una sensación de vibrante chi yang mediante el uso de plantas abundantes, luz del sol y espacios limpios y despejados. Quien use esta habitación podría sin duda beneficiarse de la aplicación del método Pa Kua. El hecho de colocar energizantes adecuados en cada uno de los rincones incrementaría enormemente el feng shui de este recinto.

DIVIDIR EL ESPACIO

ABAJO. Aquí se muestran los dos métodos de dividir el suelo. Ambos emplean la brújula, pero uno se vale de un gráfico en forma de tarta y el otro de la cuadrícula Lo Shu.

Hay dos maneras de demarcar el espacio para aplicar el método feng shui de las ocho aspiraciones. Esto quiere decir que para identificar el rincón de la habitación o de la casa que deseamos activar respecto de cualquiera de las ocho clases de suerte, podemos utilizar como método de demarcación el gráfico en forma de tarta o la cuadrícula Lo Shu (un cuadrado dividido en nueve cuadrados más pequeños, iguales y numerados).

cuarto de estar
comedor
dormitorio
dormitorio
cuarto de baño

El método del gráfico en forma de tarta

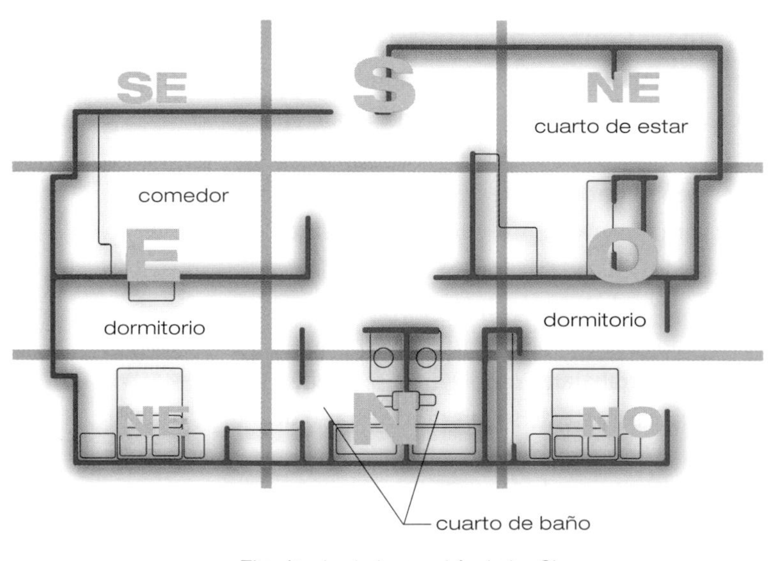

El método de la cuadrícula Lo Shu

El método del gráfico en forma de tarta

Este método consiste en superponer la brújula circular a un espacio y demarcar éste con el chi radiando desde el centro hacia fuera. La demarcación del espacio efectuada de esta manera sugiere que la distribución del chi proviene del punto central de la habitación o de la casa.

A cada sector se le da la forma de un pedazo de tarta triangular. Este método de demarcación se emplea mucho entre los maestros de feng shui cantoneses de Hong Kong. Atribuyen su preferencia por este método a la creencia de que el chi gira alrededor de la brújula, y que dentro de cualquier espacio es éste el método que hay que utilizar para medir el chi para que tenga sentido la operación. Así, se pone mayor énfasis en los 360 grados de la brújula.

El método de la cuadrícula Lo Shu

En este método, se utiliza la brújula para leer la orientación. Además, la cuadrícula Lo Shu se superpone al plano del suelo para definir los parámetros del espacio que se está investigando o se desea activar.

Estas ilustraciones muestran la diferencia que existe entre los dos métodos. Ambos requieren la brújula para definir las direcciones. La diferencia estriba en definir el espacio que cae dentro de cada sector. Yo prefiero usar el método de la cuadrícula, ya que me resulta más fácil trabajar con un cuadrado regular o una forma rectangular.

HACER ESPACIOS FELICES

Una vez que haya desarrollado la capacidad de superponer el Pa Kua de las ocho aspiraciones a las diferentes habitaciones de su hogar y también a su casa entera, tendrá en las yemas de los dedos una cierta flexibilidad de aplicación. Puede elegir qué rincones y qué habitaciones desea activar, y concentrar sus esfuerzos de feng shui en rincones y habitaciones que utiliza más a menudo. Ha de ser usted el que decida dónde y cómo desea activar el gran tai chi y dónde puede activar el pequeño tai chi de forma más eficiente.

ARRIBA. Crear espacios felices significa usar colores, pinturas e imágenes decorativas que le gusten a usted. El feng shui es una práctica creativa, y usted debe poner en su espacio algo de su propia energía para que su feng shui sea efectivo.

Respete su voz interior

En la práctica del feng shui, como en todo lo demás, se ha de tener en cuenta la creatividad personal, los gustos y las prioridades de cada persona para obtener los máximos resultados. No use cualquier cosa, ni pinte de cualquier color, ni coloque cualquier objeto de arte o elemento que no le guste. Respétese a sí mismo y respete su voz interior; es la mejor manera de garantizar que su chi personal se mezcle con el modo de decorar y distribuir sus habitaciones. A no ser que tenga una interacción positiva con todos los objetos que coloque en casa, éstos no tendrán tanto poder para materializar la buena suerte para usted. Por ejemplo, si en realidad usted odia el color rosa, poco importa lo bueno que sea ese color para atraer el amor a su vida; no lo use, porque el hecho de que no le guste guarda relación con su propio campo áurico en un nivel inconsciente.

Además, conforme nos hacemos mayores van cambiando nuestros gustos y aspiraciones. Así que usted puede cambiar sus gustos tan a menudo como desee, y también redistribuir las habitaciones, el mobiliario y los objetos decorativos que utiliza para activar los rincones de su casa.

Yo cambio mis habitaciones todo el tiempo. Eso crea un movimiento beneficioso del chi, y garantiza que el chi de mi hogar nunca llegue a cansarse, de modo que mi vida nunca se estanque. Ello es reflejo de mi enfoque del feng shui y también de mi enfoque de la vida. Yo veo la vida como un proceso dinámico de nuevas oportunidades, nuevos colores y nuevas experiencias. Cada día se manifiesta algo nuevo. En feng shui siempre existe un camino alternativo.

Para crear un espacio feliz a su alrededor, piense en lo que le hace a usted sentirse lleno de energía y a continuación haga lo mismo con su espacio. Cada rincón de su casa se beneficiará de recibir dicha atención. Cuando los rincones de su casa sean felices, le recompensarán a usted un millar de veces.

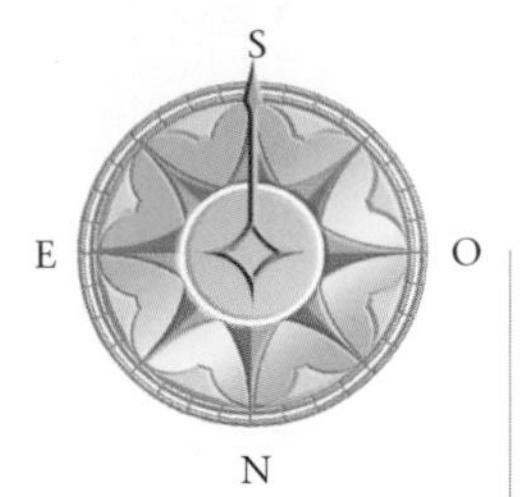

EL SUR TRAE RECONOCIMIENTO

El trigrama correspondiente al sur es Li, que significa fuego, la clase de fuego que sugiere resplandor, intensa energía yang y éxito. El sur se asocia con el caballo, el fénix y la serpiente, tres símbolos favorables que significan fama y reconocimiento. El caballo aporta velocidad y resistencia para triunfar. La serpiente aporta habilidades diplomáticas, mientras que el fénix trae oportunidades que abren el camino a nuevos triunfos.

Si usted activa la brillante energía del sur en alguna parte de su casa con alguno de estos símbolos celestiales o con luces brillantes y objetos de color rojo, descubrirá que su éxito se incrementa.

Quienes tengan profesiones cuyo éxito depende de la popularidad y de la aclamación del público deben asegurarse de que este sector del hogar nunca se vea afligido por la presencia de cuartos de baño. Tampoco se debe permitir que los rincones sur del hogar se queden «encerrados» y por lo tanto se cree en ellos una energía estancada y silenciosa. En lugar de eso, deben ser espacios abiertos y siempre bien iluminados. Si es posible, mantenga una pequeña luz roja encendida constantemente. También trae buena suerte colocar plantas en el sur, ya que evocan el ciclo productivo de los cinco elementos, pues la madera produce fuego.

DERECHA. En esta ilustración, la lámpara situada junto a la cama aporta energía yang y también energía de fuego. En el rincón sur de la habitación, activará la suerte en el reconocimiento para la pareja que duerme. Para que funcione, mantenga la lámpara encendida toda la noche, o por lo menos un mínimo de tres horas.

EL NORTE GENERA SUERTE EN LA PROFESIÓN

El trigrama del norte es Kan, que significa agua. Cuando usted utilice agua para activar el norte de toda la casa, verá resultados rápidos en el área de su carrera y de su negocio. Por ejemplo, colocar un acuario o un estanque Koi en el norte es una manera excelente de activar una gran suerte en la carrera y los negocios.

Activar habitaciones individuales

También es una buena idea poner pequeños elementos de agua para energizar los sectores norte de cada habitación. Así, el lado norte del comedor y el del cuarto de estar pueden activarse con símbolos del elemento agua, como una pintura que muestre agua o una pecera con peces vivos. Aunque algunos maestros de feng shui sostienen que la colocación de imágenes o adornos de peces puede significar agua, que trae suerte en la profesión y los negocios, yo prefiero utilizar agua de verdad.

También resulta beneficioso pintar la pared norte de color azul o morado oscuro (el azul representa el agua). Otra idea es pintar la pared norte de blanco, plateado o dorado, o poner cortinas o alfombras blancas, plateadas o doradas. Además, como el metal activa el agua en el ciclo productivo (véase la página 21), también puede utilizar energía de metal en estas zonas de la habitación. Por ejemplo, un equipo estéreo resultaría muy beneficioso.

Sólo recuerde que para beneficiarse de sus esfuerzos feng shui debe utilizar las habitaciones que está energizando. Además, para notar los efectos de cualquier elemento de agua que se coloque en el exterior de la casa debe dar a una puerta o una ventana. Sin embargo, nunca ha de activar agua en el dormitorio, ya que tener agua ahí puede crear pérdidas. De hecho, por lo general, cuando se emplea el método de activación Pa Kua es buena idea dejar el dormitorio en paz. Es mejor dejar sin activar la zona para dormir, pues un exceso de energía yang podría producir alteraciones. Las mejores habitaciones para energizar son el cuarto de estar, el comedor y la habitación familiar.

ARRIBA. Pintar de azul la pared norte de la casa para representar el agua es una buena forma de activar la suerte feng shui en la profesión.

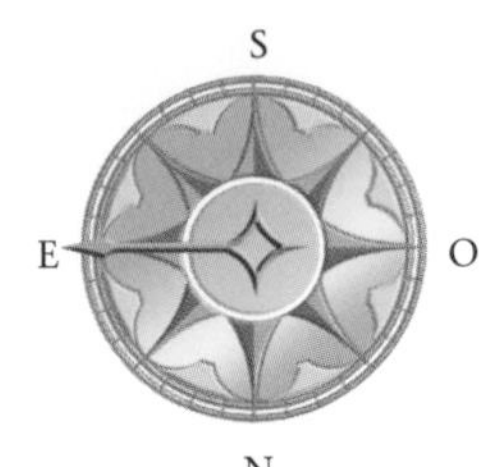

EL ESTE TRAE BUENA SALUD

El elemento del este es la madera, y el trigrama de este sector es Chen, que quiere decir madera. En feng shui, el este es una dirección muy importante porque es el lugar del Dragón Verde, uno de los cuatro animales celestiales del zodíaco chino y el símbolo en última instancia de la buena fortuna. Esta dirección está llena de abundante sheng chi, también traducido como chi del crecimiento. Por esta razón, el este es la parte ideal de toda casa para situar los dormitorios de los hijos.

ABAJO. Un dragón colocado cerca del agua o en la pared este del cuarto de estar atrae suerte abundante.

Coloque la imagen del dragón en la pared este del cuarto de estar. El dragón debe sostener una perla simbólica y escupir agua. A menudo me preguntan cuántos dragones hay que colocar aquí para generar la máxima suerte para la familia, y mi respuesta es siempre: «tantos como desee, pero cerciórese de tener el karma necesario para poder con el número de dragones que ponga». Por ejemplo, no todo el mundo puede soportar la tremenda energía yang de nueve dragones. Así pues, aun cuando los dragones aportan mucha buena fortuna, es mejor no ser demasiado avaricioso. Una sola criatura celestial es más que suficiente. O cinco, a lo sumo, a no ser que usted ya se encuentre en una posición alta del gobierno o de los negocios. Ponga su dragón cerca del agua o dentro de ella, y que no sea ni muy grande ni muy pequeño.

Activar el este trae buena salud, longevidad y suerte para los descendientes. También genera la suerte que lleva a la acumulación de riquezas materiales para la familia. La energía del elemento madera crece hacia arriba y hacia fuera, enviando muchas ramas al cielo.

Escoja entre los muchos objetos decorativos o, si prefiere objetos naturales, despáchese a gusto con las plantas. Las plantas vivas y jóvenes de hojas anchas son excelentes para acumular chi de la riqueza. Como alternativa, intente encontrar un «árbol de la riqueza» hecho de piedras semipreciosas, como ciertas variedades de cuarzo (asegúrese de que son auténticas, y no de plástico). Elija un árbol de aspecto frondoso y que tenga un sólido tronco para garantizar una base firme, y átele monedas simbólicas con cinta de color rojo o dorado.

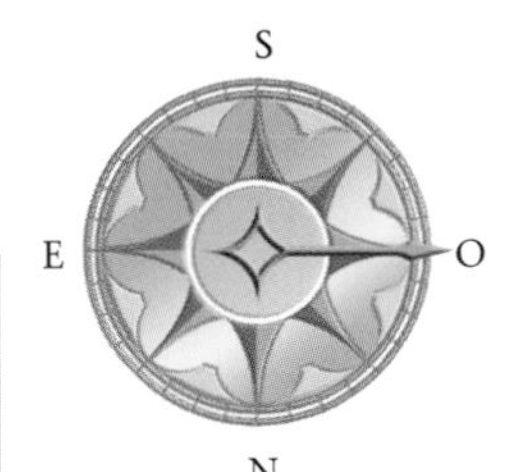

EL OESTE PROTEGE LA SUERTE DE LA FAMILIA

Según la tradición del feng shui, el oeste siempre se ha identificado como el lugar del Tigre Blanco, uno de los cuatro animales celestes del zodíaco chino (los otros tres son el Dragón Verde en el este, la Tortuga Negra en el norte y el Fénix Rojo en el sur). Fuerte símbolo de protección, el Tigre Blanco es el más feroz de los cuatro guardianes celestiales.

En la configuración de cielo tardío de los trigramas, el oeste es el hogar del trigrama de la felicidad (Tui), también conocido como el trigrama del río o del lago. Así, el oeste ha sido designado como el espacio en el que surge la felicidad como resultado de una familia feliz.

Cuando el chi de la parte oeste de la casa está protegido y energizado, la familia permanece unida y se mantiene sana y fuerte. Todas las personas mayores de la familia tendrán una vida larga. Tanto el patriarca como la matriarca, cuya suerte, en teoría, reside en ambos lados del oeste (el noroeste y el suroeste), disfrutarán cada vez de más felicidad y buena suerte con el paso de los años. Por lo tanto, es vital que el chi del lado este de la casa esté siempre en suave movimiento y en armonía.

El oeste pertenece al elemento metal, y su color es el blanco. No es necesario poner la imagen del Tigre Blanco, ya que no todo el mundo es capaz de soportar la «presencia del tigre» en casa. Más hábil resulta activar el elemento metal o el elemento tierra, ya que la tierra da lugar al metal en el ciclo productivo.

Los mejores activadores del chi para el oeste son la enorme variedad de monedas de oro que llegan de China y Taiwán. En estos países se está llevando a cabo una investigación asombrosa a fin de copiar muchas de las antiguas monedas de las épocas doradas de dinastías pasadas. También los lingotes de oro son unos energizantes asombrosos, para atraer la prosperidad al hogar y actuar como potentes amuletos y talismanes. El oro o el color dorado posee una poderosa energía creadora de riqueza.

Usted también puede, si quiere, buscar las poderosas espadas hechas con monedas, pero yo estoy muy contenta limitándome a mis monedas, mis lingotes y mi especial ventilador metálico y amuletos de murciélagos. Los ventiladores son protectores especialmente potentes, y los murciélagos atraen la suerte de la abundancia. Colgar tres monedas atadas con el nudo interminable (véase la ilustración de la página 178) es otro fuerte energizante.

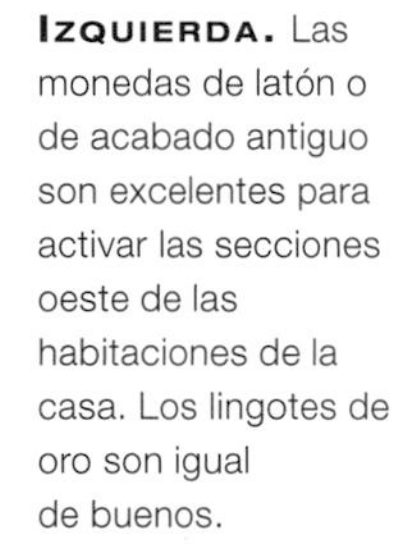

IZQUIERDA. Las monedas de latón o de acabado antiguo son excelentes para activar las secciones oeste de las habitaciones de la casa. Los lingotes de oro son igual de buenos.

EL SUROESTE ES PARA EL MATRIMONIO

El suroeste es el lugar de Kun, el trigrama matriarcal que incrementa la suerte en las relaciones y la trae con la promesa de romance, amor y el comienzo de una nueva etapa en la vida de las personas que están en edad casadera. Para los chinos existen tres importantes ocasiones felices (hei sei) en la vida. De las tres (un nacimiento, una boda y un cumpleaños de longevidad), el matrimonio se considera la más significativa de las ocasiones de doble felicidad. Colocar esa imagen simbólica en el suroeste representa un potente talismán para generar suerte en el matrimonio.

DERECHA. Se dice que las peonías rojas estimulan considerablemente la vida amorosa. Colocadas en el suroeste, atraen maridos muy buenos.

Yo he visto el potente efecto del símbolo de la doble felicidad obrar maravillas en solteros empedernidos. También he visto el efecto negativo de la falta de un rincón suroeste en la casa, lo cual suele manifestar una ausencia total de perspectivas de matrimonio para las bellas hijas y los hijos casaderos de las familias. En mi hogar no existe semejante peligro, ya que los rincones suroeste de todas las habitaciones importantes están activados con muchos símbolos diferentes, desde patos mandarines o peonías rojas (que se dice que atraen maridos maravillosos para las jóvenes casaderas), hasta bolas de cristal y la colocación estratégica de luces y vidrios con facetas que cuelgan del techo e invitan a entrar a los rayos multicolores del sol. También tengo una hermosa imagen de un dragón y un fénix, el otro poderoso activador del matrimonio.

La mejor manera de activar el suroeste para la generación más joven de la familia es asegurarse de que ese rincón de la casa no se vea afligido por la presencia de un cuarto de baño, una despensa o la cocina. Para atraer buenos esposos, mantenga el suroeste bien iluminado día y noche, y cerciórese de que se mantenga el equilibrio entre el yin y el yang.

EL NOROESTE ES PARA LOS MENTORES

El noroeste es el lugar del patriarca. Aquí, el trigrama es Chien, el trigrama celestial que representa la suerte de los benefactores poderosos e influyentes. Si usted quiere recibir ayuda de mentores y apoyo por parte de sus jefes, éste es el rincón que ha de activar. Si quiere que su patriarca prospere —éste puede ser su marido o su padre—, también es éste el rincón en el que debe concentrar su feng shui.

Así pues, el noroeste es una parte muy importante de la casa. El elemento de este rincón es el metal, y en la cultura china el metal también significa oro. De modo que el noroeste es la fuente de la riqueza de una familia, la que se supone que debe durar muchas generaciones. Si usted construye un jarrón de riqueza y lo guarda escondido en el rincón noroeste de la casa, beneficiará al patriarca del hogar. Si tiene un jardín y entierra en la zona noroeste del mismo una caja de riquezas simbólica, eso también beneficiará al patriarca.

Existen muchas maneras distintas de activar el noroeste. En esencia, los objetos hechos de metal son los más efectivos. Los lingotes y las monedas son los perennes favoritos. Son muy potentes los objetos de arte de tabicado, tales como el biombo de nueve dragones (abajo). Y también cualquier cosa hecha o chapada de oro. Las campanitas de viento doradas son especialmente favorables, ya que el sonido del oro se considera que es de lo más beneficioso. Yo activo mi noroeste con campanas y cuencos cantarines hechos de siete clases de metal, entre ellas el oro y la plata para simbolizar la energía del sol y de la luna.

ABAJO. La sección noroeste de toda casa debe contar con imágenes favorables que beneficien al patriarca. Resultan muy útiles los biombos con dibujos de ocasiones felices o imágenes de dioses y personas poderosas.

EL SURESTE TRAE PROSPERIDAD

El sureste es el lugar del trigrama del sol, cuyo elemento es la madera. Significa dinero; no la clase de dinero a la que nos referimos en cuanto a las propiedades de la familia y el valor neto de la misma, sino el dinero asociado con los niveles de ingresos. Las ganancias son una buena forma de describir la suerte del sol, que es también el trigrama del movimiento. El sol indica actividad, que a su vez genera ingresos.

Si usted desea atraer un mayor nivel de ingresos habituales, éste es el rincón que debe energizar. Dado que éste es del elemento madera, utilice flores y plantas para activarlo. En este contexto, yo le recomiendo encarecidamente que cuelgue plantas con flores en los rincones sureste, en la zona interior, así como en el jardín, ya que ello representa un feng shui excelente. Incrementará el chi del crecimiento en el hogar. Un invernadero con profusión de plantas con flores sugiere el florecimiento de la buena fortuna. Cuando las flores hayan dejado de salir, puede traer otras nuevas, para tener siempre florecido el sheng chi de las plantas. Esto ayudará a todas sus plantas a alcanzar la madurez rápidamente. Acuérdese siempre de tirar a la basura las plantas muertas.

Además de utilizar plantas, puede activar la suerte en el dinero con una pequeña cascada de agua. El agua debe estar siempre en movimiento y contener peces, tortugas o bombas para simular actividad. Ha de estar bien decorada, con plantas sanas y flores.

DERECHA. Esta bella habitación sería ideal situarla en el sureste de la casa, pues la profusión de plantas indica una abundancia de energía del crecimiento, que simboliza una expansión de las riquezas.

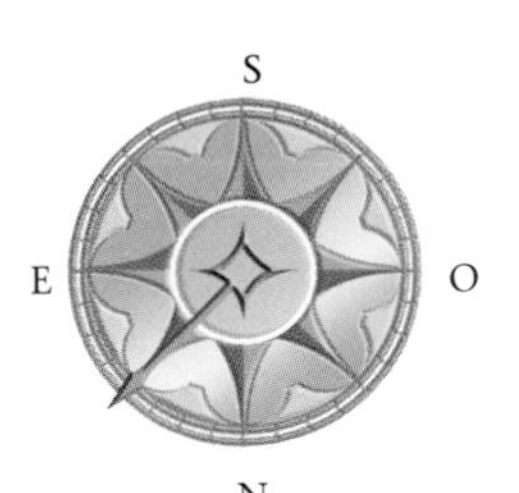

EL NORESTE PARA LA SUERTE EN LOS ESTUDIOS

He perdido la cuenta del número de padres a los que he aconsejado a lo largo de los últimos diez años compartiendo con ellos el poderoso feng shui taoísta de la dirección noreste. Hace mucho tiempo que sé cómo se puede activar ésta para atraer resultados excelentes en los exámenes, honores escolares e incluso becas.

Yo enseñé a mi hija Jennifer a activar su dormitorio en el colegio y en la universidad para que ello la ayudase en los exámenes. Así, además de la fórmula Kua que la ayuda a seleccionar sus direcciones más favorables para estudiar y para sentarse en sus exámenes, también aprendió a activar el noreste de sus habitaciones para atraer la suerte en los estudios. El feng shui la ayudó a conservar la concentración, y a consecuencia de eso cuenta con un historial académico impresionante.

La manera de conseguir esto consiste en utilizar un globo de cristal. El noreste es un rincón de elemento tierra. El trigrama regente es el trigrama de la montaña, de modo que sugiere una época de preparación y también de entrenamiento para las cosas buenas que vendrán más adelante, y puede resultar especialmente potente energizar ese rincón con energía tierra en forma de cristales.

El poder de los cristales

Los cristales son la manifestación mejor y más potente de la energía tierra. Los cristales pueden ser naturales o artificiales. Los mejores son los cristales de cuarzo natural, pero las variedades artificiales que vienen de China, tallados en un globo, son los más eficaces para atraer la suerte en los estudios.

Coloque el globo de cristal, como el que aparece a la derecha, que tiene unos 7,5 centímetros de diámetro, sobre una mesa situada en el rincón noreste de la habitación. Podría utilizar incluso un pisapapeles de cristal plomado artificial.

También es una buena idea invertir en un único cristal natural para su hijo. De este tipo de cristal se dice que es la manera más eficaz de acumular energía y conocimientos. Deje que el cristal se convierta en un amuleto y un compañero de estudios personal para su hijo. Cuando lo adquiera, primero límpielo para eliminar la energía de otras personas empapándolo en una solución de sal marina o de roca durante siete días y siete noches. Colóquelo en una mesa situada en el noreste cuando el chico esté estudiando, y debajo de su almohada cuando esté durmiendo. Se puede llevar el cristal al examen para atraer la suerte en los estudios. Cuando no lo use, guárdelo envuelto en seda o terciopelo.

El dragón carpa

Como alternativa, puede usar el pez triple o la imagen del dragón carpa, pues ambos son igual de potentes. El símbolo del dragón carpa es una criatura que tiene cola de carpa y cabeza de dragón. Puede ser de cerámica o de madera, y por lo general se exhibe en parejas. El dragón carpa simboliza la leyenda de la puerta del dragón, que es una famosa metáfora china.

Cruzar la puerta del dragón se asemeja a aprobar los exámenes imperiales, y la transformación de la humilde carpa en un dragón al saltar la puerta del dragón simboliza eso mismo. El dragón carpa en el dormitorio manifiesta el éxito académico.

ABAJO. Un globo de cristal en el noreste es uno de los más potentes energizantes para quienes desean tener suerte en los estudios. Póngalo sobre una mesa en el noreste de la habitación de su hijo.

LA FÓRMULA DE LAS OCHO MANSIONES

La fórmula de las Ocho Mansiones es una de las más poderosas de las fórmulas con brújula del feng shui. Su gran mérito reside en su fácil puesta en práctica. Como tiene que ver exclusivamente con direcciones favorables y desfavorables personalizadas, cualquiera puede emplearla y obtener grandes beneficios.

La fórmula de las Ocho Mansiones muestra cómo encontrar las direcciones mejores y peores para cada persona, y una vez que usted conozca dichas direcciones, lo único que necesitará será invertir en una brújula buena y segura. A partir de ahí, sólo es cuestión de tomarse la molestia de comprobar siempre sus direcciones para sentarse y para orientarse cuando duerma, cuando tome asiento, cuando trabaje o haga una presentación, por ejemplo. Hacer este pequeño esfuerzo es todo lo que se necesita para aprovechar al máximo las direcciones favorables.

Una vez que adquiera el hábito de comprobar sus direcciones, su vida ya no volverá a ser la misma: el buen feng shui la habrá cambiado para siempre.

LA FÓRMULA DE LAS OCHO MANSIONES

El feng shui para espacios interiores adquiere emocionantes posibilidades cuando empezamos a usar las cartas natales basadas en fórmulas. Éstas representan la tecnología de brújula del feng shui, que se conoce como las Ocho Mansiones.

Estas cartas son verdaderamente inestimables para tratar las diferentes dimensiones del feng shui que tienen en cuenta la dinámica de los patrones cambiantes de la suerte a lo largo del tiempo. En este capítulo y en los siguientes le iré introduciendo en el uso de las cartas feng shui, lo cual le supondrá un salto cuántico en la práctica de este arte.

Ésta es una introducción elemental a los aspectos científicos del feng shui. Resulta un poco difícil de aprender, pero mucho más fácil de practicar, ya que existe menos subjetividad. Lo que se necesita para alcanzar el éxito es precisión al tomar las direcciones con una buena brújula. La precisión en las direcciones es necesaria para generar los gráficos. La subjetividad entra en juego cuando tenemos que escoger entre diferentes opciones basándonos en lo que nos dicen los diferentes gráficos acerca del feng shui de nuestra casa o de nuestro despacho. Tenemos que decidir cuánto peso asignar a cada uno de los diversos métodos y fórmulas.

Espero que esto convenza a los que opinan que el feng shui es una práctica esotérica y espiritual. No lo es. Recuerde que en la ciencia existe el enfoque occidental y también el enfoque chino. Tal como hemos descubierto en el capítulo 1, en la concepción china del Universo existe cierto misterio, en tanto en cuanto que se centra en un concepto intangible, el de la energía, el chi cósmico del dragón; así que deberán perdonarnos si nos sentimos tentados a pensar que en la práctica del feng shui existe un trasfondo espiritual.

Al introducirle en los diferentes gráficos del feng shui, estoy compartiendo con usted varios modos de leer el chi intangible del espacio en el que vive, basados en información muy tangible (las direcciones de la brújula, fechas de construcción, etc.). Son esos datos tangibles sobre un edificio los que permiten al que practica el feng shui elaborar los diversos gráficos del edificio, conocidos como cartas natales. Dichas cartas revelan información acerca del chi de las diferentes partes del edificio, que se expresan como diferentes rincones de la brújula.

Las cartas de las Ocho Mansiones se valen de la dirección de orientación de la

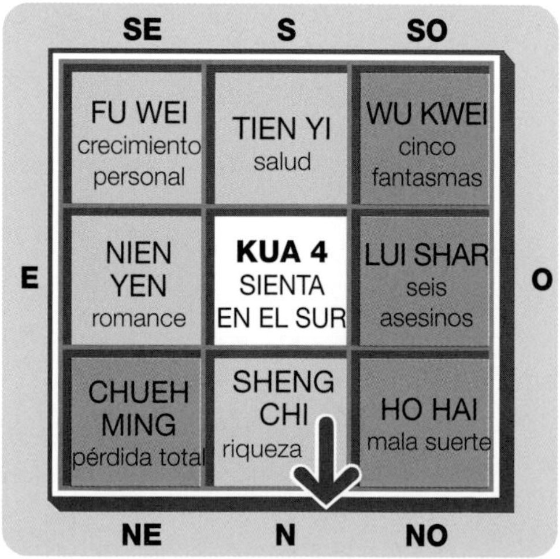

	SE	S	SO	
	FU WEI crecimiento personal	TIEN YI salud	WU KWEI cinco fantasmas	
E	NIEN YEN romance	KUA 4 SIENTA EN EL SUR	LUI SHAR seis asesinos	O
	CHUEH MING pérdida total	SHENG CHI riqueza	HO HAI mala suerte	
	NE	N	NO	

Derecha. Aquí aparece ilustrada la carta de las Ocho Mansiones de una casa que da al norte. Esta carta puede analizarse para ver cómo se ve afectada la suerte de cada ocupante según el lugar donde está situada su habitación.

puerta de entrada (es la dirección a la que usted mira cuando se sitúa de pie frente a la puerta principal, dentro de la casa). Además, puede combinar las cartas de las Ocho Mansiones con su número Kua para determinar cuáles son sus direcciones de las Ocho Mansiones personales. Éstas se describen en la página 66, y se averiguan calculando primero el número Kua (abajo, en el recuadro central).

IZQUIERDA. He aquí un ejemplo de una carta de las Ocho Mansiones de una casa superpuesta al plano del interior de la misma. Observe que la carta de las Ocho Mansiones de cualquier casa define la suerte de ésta basándose en la dirección a la que está orientada la puerta principal.

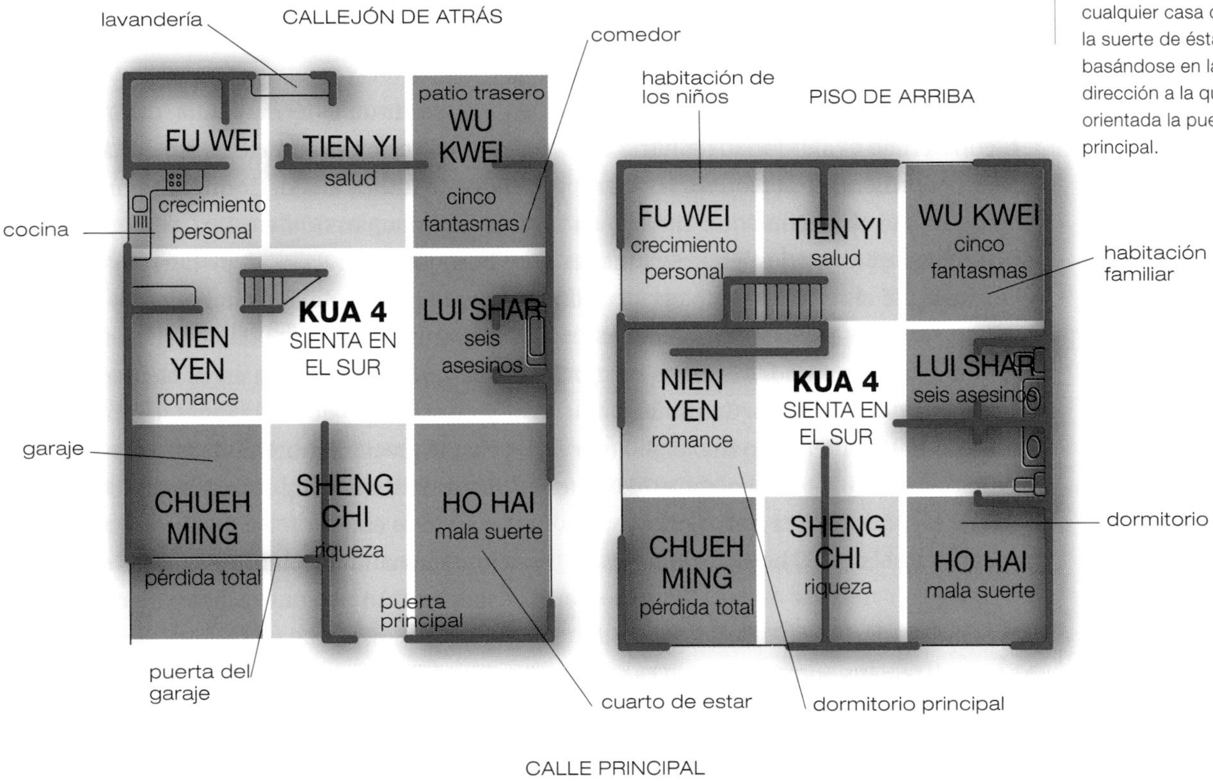

CONOZCA SU NÚMERO KUA

La práctica del feng shui adquiere mayor contenido cuando uno organiza las habitaciones y los muebles de forma que se facilite el uso de las direcciones personalizadas de los miembros de la familia. Conocer la fórmula Kua de las Ocho Mansiones es casi obligatorio para practicar un feng shui personalizado que aporte el máximo beneficio a cada ocupante de la casa. La fórmula Kua es la más rápida y más fácil de todas.

Para emplearla, lo único que tiene que hacer es averiguar su número Kua personal (véase la página 60), y a partir de ahí determinar sus direcciones afortunadas y desafortunadas, así como su trigrama de la suerte, su número de la suerte y su elemento de la suerte.

Después de eso, está la cuestión de utilizar esta información para crear el feng shui mejor posible partiendo de su espacio interior. Empiece por aprender la fórmula y

LA FÓRMULA DEL TRIGRAMA DE LA CASA

La fórmula del Trigrama de la Casa es una popular rama del conjunto de fórmulas de Estrella Voladora. En realidad es una versión muy sencilla del feng shui de Estrella Voladora, y su utilidad radica en que clasifica las casas en ocho categorías. Cada una de ellas se denomina según uno de los ocho trigramas basados en la dirección de asiento de la vivienda.

Dado que cada trigrama tiene un número que le corresponde, podemos valernos de éste para elaborar un gráfico Lo Shu que indique la energía de cada uno de los nueve sectores de la casa. La energía de cada uno de dichos sectores se define como un número. Después se añaden los números anuales al gráfico del trigrama. Al leer los dos números de cada pequeña casilla (el número del trigrama y el número del año) obtenemos una lectura muy precisa de la energía chi de cada uno de los sectores.

La forma de practicar este método consiste en estudiar los números que afectan al dormitorio y a la puerta principal. Esto le permitirá colocar «remedios» en las partes afligidas de la casa, remedios que funcionarán sólo durante un año.

LA FÓRMULA DEL TRIGRAMA DE LA CASA

De especial utilidad a la hora de analizar la suerte anual y mensual de diferentes partes de la casa, esta fórmula puede emplearse sola o combinada con los números anuales.

Para aplicar la fórmula del Trigrama de la Casa, primero hay que determinar el trigrama de una casa. Observe los ocho trigramas del Pa Kua del feng shui, basados en la distribución de cielo tardío, que se muestran abajo. A cada trigrama se le adjudica una dirección según la secuencia de trigramas indicada en el Pa Kua. Observe los nombres de los trigramas; luego tome nota de los correspondientes números Lo Shu, que se indican en la lista de enfrente. A diferencia de la fórmula de las Ocho Mansiones, que se basa en la dirección de orientación de una casa, los gráficos de los trigramas se basan en la dirección de asiento (véase la página 28):

Norte - es una casa **KAN** (**1**)
Sur - es una casa **LI** (**9**)
Este - es una casa **CHEN** (**3**)
Oeste - es una casa **TUI** (**7**)
Sureste - es una casa **SUN** (**4**)
Suroeste - es una casa **KUN** (**2**)
Noreste - es una casa **KEN** (**8**)
Noroeste - es una casa **CHIEN** (**6**)

A partir del número Lo Shu regente, se puede generar el gráfico basado en la secuencia de vuelo (véase la página 30).

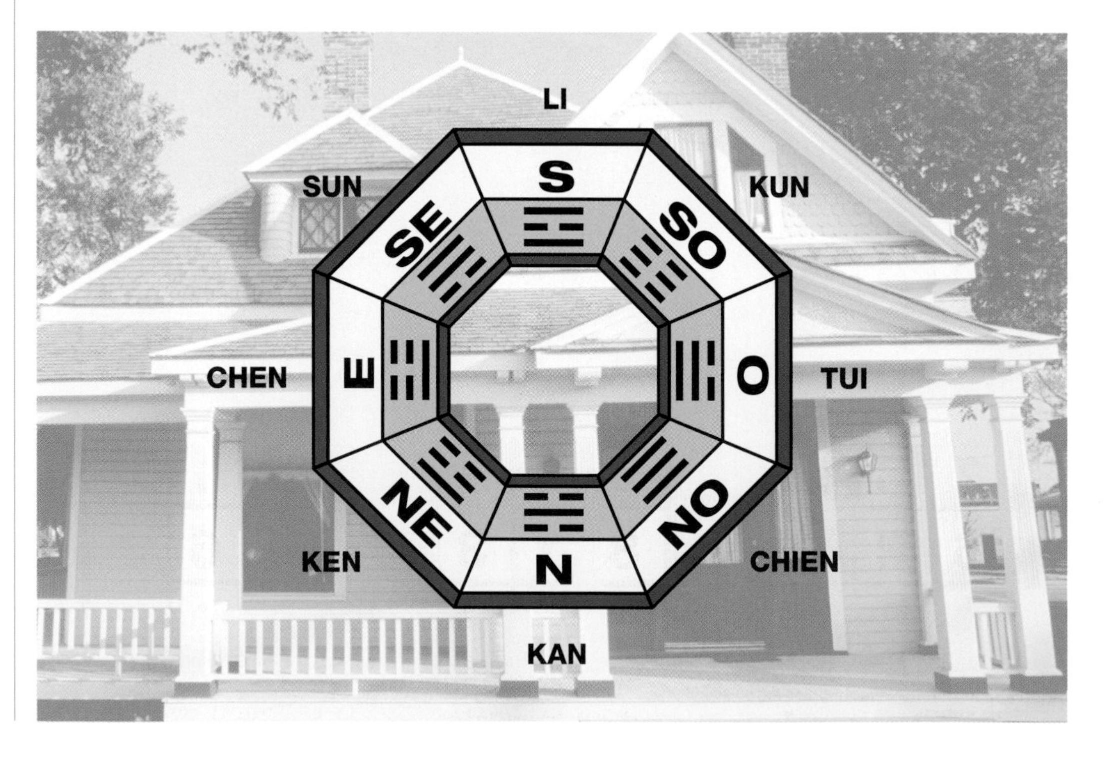

DERECHA. Aquí se muestra una casa Li con asiento en el sur. Esta dirección de asiento de una casa o edificio determina su gráfico de trigrama. Primero obtenga la dirección de orientación; la dirección opuesta a ésa será la dirección de asiento.

LOS GRÁFICOS DE TRIGRAMA

Ahora que ya ha establecido el trigrama regente y el número Lo Shu de su casa, puede utilizar los gráficos de trigrama. Estos gráficos se leen superponiéndolos al plano de la casa y después analizando el significado de los números únicos situados en los diferentes sectores. Después de eso, se añade otro número más a cada una de las secciones (véase la página 70) para proporcionar aún más información. Éstos se conocen como números anuales de Estrella Voladora, y no deben confundirse con los números Estrella Voladora de montaña y de agua, que se indican en las páginas 88-89. Debajo se muestran los ocho gráficos de las casas según su trigrama. Obsérvese lo importante y significativo que es el gráfico Lo Shu para el uso del feng shui de fórmulas con brújula.

Los trigramas corresponden a la dirección de asiento de la casa o edificio. El cuadrado coloreado es la dirección de orientación. Los números centrales se derivan de dicha dirección. Los demás números están basados en la secuencia de vuelo del cuadrado mágico Lo Shu original.

COMBINACIÓN DE TRIGRAMA Y CARTA ANUAL

Los gráficos de esta página muestran cómo se puede combinar cada gráfico de trigrama con los números anuales Estrella Voladora para 2003 y 2004. Al utilizar estos gráficos junto con los significados de los números de las páginas siguientes, se le abrirán incontables oportunidades de mejorar su feng shui y remediar las aflicciones de sus habitaciones cada año. Cuando aprenda a combinar los números, desarrollará la pericia necesaria para combinar con los números de 2005 y de años siguientes.

LECTURA DEL GRÁFICO DEL TRIGRAMA

Otro importante concepto que hay que entender es el de los ciclos del tiempo, conocidos como Períodos (véase la página 85), que afectan al significado de los números anuales. El período cambia cada 20 años. El Período Siete termina el 4 de febrero de 2004, y entonces comienza el Período Ocho. Esto es importante a la hora de utilizar las tablas de significados de las páginas 72-80, en las que a veces se mencionan los Períodos. En períodos diferentes, los números tienen diferentes significados respecto de la suerte. Así, una habitación que es favorable en un año puede que necesite remedios contra la mala suerte en otro.

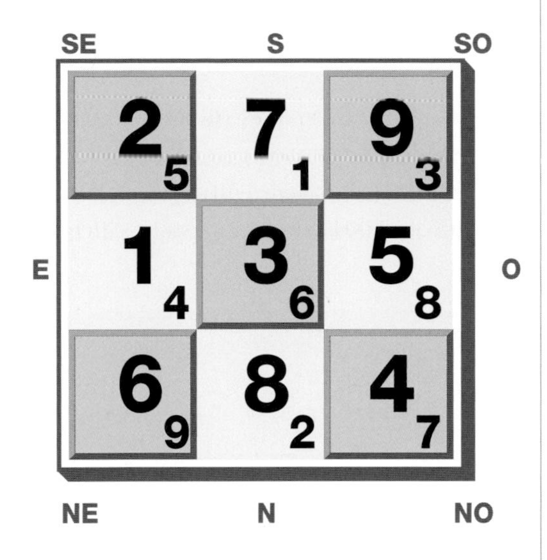

IZQUIERDA. Los números pequeños del gráfico Chen son los números de 2003. Ahora intente ir colocando los del año 2004, que tiene el 5 en el centro, y verá cómo la suerte de los sectores cambia de un año a otro.

Empiece con el número central

El ejemplo de esta página es el de una casa Chen porque se sienta en el este y se orienta hacia el oeste. Como el número del este es el 3, éste se convierte en el número del centro del gráfico. Una vez colocado el número central, los demás pueden colocarse según la secuencia de vuelo (véase la página 30) de los números que se hallan en el gráfico Lo Shu.

Coloque los números pequeños

Los números pequeños de cada sector son los números anuales para el año 2003. Ponga el número anual apropiado en cada sector para formar un gráfico que indique los dos números de cada cuadrado (en la página 36 se dan los números anuales de los próximos veinte años).

Cómo usar el gráfico

A continuación superponga el gráfico sobre el plano de su casa. Este gráfico revela la suerte de su hogar, lo cual le permitirá saber qué sector tiene buena o mala suerte durante ese año en particular. La suerte de cada sector se lee de acuerdo con el significado asociado a la combinación de los dos números, que se da en los gráficos de trigrama de las páginas siguientes. Para interpretar los significados de las combinaciones de números, necesitará conocer las interacciones de los números con los elementos, así como los significados de los números en sí. De este modo, el hecho de saber leer este gráfico revela información importante para los ocupantes de los distintos sectores de la casa.

Análisis del gráfico

Las tablas de trigramas exponen los significados de la combinación del trigrama con el número anual (véase la página 70). Le permitirán analizar cada una de las ocho casas en los años 2003 y 2004, que se muestra enfrente. Las tablas resumen los significados clave de los números, y le ayudarán en la práctica del feng shui.

ENTENDER LOS GRÁFICOS DE TRIGRAMAS: NÚMERO 1 Y NÚMEROS ANUALES

El número 1 es un número blanco, y se considera uno de los más afortunados en este método de análisis del feng shui. Si su dormitorio está situado en un sector de la casa que tiene el número 1, es una indicación de suerte. Cuando se combina con 1, 6 u 8, la suerte se incrementa todavía más.

Número de trigrama	Número anual	Significados	Intensificadores/remedios
1	**1**	Excelente para estudios académicos, investigación y trabajo creativo. Buena suerte en el dinero. Si se ve afligido por estrella mensual 5 o 2, podría haber enfermedad relacionada con los riñones. También pueden suceder accidentes, causados por beber en exceso y por problemas alcohólicos, ya que esto significa exceso de agua. Sin embargo, un 1 doble es una indicación muy buena.	Para incrementar y también controlar la aflicción, use una campanita de viento metálica de seis varillas. Vigile cuando vuelen ahí el 5 o el 2 durante meses concretos. Para estar seguro, cuelgue aquí campanitas metálicas.
1	**2**	Podría haber problemas matrimoniales y también peligro de perder un hijo por aborto espontáneo. Cuidado con los accidentes de automóvil. El número 2 no es bueno para combinarse con el 1, pues lo aflige.	Use plantas para agotar el número 1 de agua y fortalecer el elemento tierra.
1	**3**	Sufrimientos causados por habladurías y calumnias. Podría haber pleitos y problemas legales traídos por el 3.	Use agua para aumentar y plantas de agua para transformar la hostilidad del 3.
1	**4**	Suerte política. Suerte en publicidad y medios de comunicación. Suerte en los romances, sobre todo para las mujeres. Buena suerte para los escritores; ésta es una combinación muy buena para el trabajo literario.	Use agua de movimiento lento pero no demasiada, para no traer problemas asociados con el sexo.
1	**5**	Problemas de salud: malestar, intoxicación alimentaria. Lesiones causadas por accidentes. Siempre hay que temer al 5.	Use campanitas de viento metálicas de seis varillas para agotar el 5. Esto también fortalece el 1 de agua.
1	**6**	Excelente suerte en la profesión. Promoción. Buena suerte en el dinero. Dolores de cabeza, sobre todo cuando entren el 5 o el 2 mensuales.	Intensifique con metal inmóvil como monedas, lingotes y objetos de oro.
1	**7**	Buena suerte en el dinero en el Período Siete, pero también es una indicación de que habrá competencia a muerte. Mala en el Período Ocho.	Intensifique con cristales o un árbol de gemas; busque cuarzo, pues interactúan bien con el 1.
1	**8**	Excelente suerte en la salud. Podría haber malentendidos entre seres queridos, hermanos y buenos amigos. Los socios en negocios tienen problemas.	Intensifique con cristales blancos, y también con agua en movimiento para atraer la suerte en la riqueza.
1	**9**	Buena suerte en la profesión y en el dinero, pero puede volverse mala cuando entre un 5. Problemas oculares.	No hay necesidad de intensificar. No abuse de los rojos.

ENTENDER LOS GRÁFICOS DE TRIGRAMAS: EL NÚMERO 2 Y LOS NÚMEROS ANUALES

El número 2 es el número de la enfermedad, y se considera uno de los números peligrosos de este método de análisis del feng shui. Si su dormitorio está situado en un sector de la casa que tiene el número 2, debe instalar campanitas de viento, sobre todo cuando vuelen ahí el 2 anual y el 2 mensual, para fortalecer la suerte frente a la enfermedad.

Número de trigrama	Número anual	Significados	Intensificadores/remedios
2	**1**	Se desarrollan tensiones en el matrimonio si esta combinación está situada en el dormitorio. Existe peligro de aborto espontáneo y de otros accidentes, y pérdida de un ser querido.	Use campanitas de viento metálicas para agotar la mala estrella 2. También es buena idea mudarse a otra habitación.
2	**2**	No es buena indicación. Amplifica fuertes sentimientos negativos. Posibilidad de enfermedad y de accidentes. Hay que temer al 2 doble.	Campanitas de viento metálicas de seis varillas, monedas y campanillas. Lo que se necesita son sonidos metálicos fuertes.
2	**3**	Discusiones y malentendidos de la peor clase. Hay hostilidad, puñaladas por la espalda. Odio y disputas legales. Si su habitación se ve afligida por la combinación 2/3, puede ser una época llena de tensiones.	Use agua quieta (yin) para aplacar los ánimos. No perturbe la energía con campanitas, música ni ruido. Mantenga la habitación muy silenciosa.
2	**4**	Viudas y suegras pelean y discuten. Se percibe la falta de armonía familiar. Buenas indicaciones para escritores y quienes están en el campo del periodismo. Buena para quienes están estudiando, pero la buena suerte puede durar poco.	Use agua quieta (yin) en una urna para crear cierta armonía. También pruebe a usar bolas de cristal lisas; pueden ser muy eficaces para superar problemas con la familia política.
2	**5**	Sumamente desfavorable. Pérdida total y catástrofe. Ésta es una de las peores combinaciones de la técnica de Estrella Voladora, y cuando vuela aquí el 5, todo el que esté ahí puede desarrollar de pronto una enfermedad terminal.	Use fuertes campanitas de viento. Cuidado, no tenga fuego, o podría haber una muerte. Cada vez que el 2 y el 5 se juntan hay que tener precaución.
2	**6**	Vida muy fácil, de tranquilidad y placer, poder y autoridad. Esta favorable combinación se destruye si se coloca aquí una campanita de viento de cinco varillas, pues se activa la trinidad (tien ti ren) de modo negativo.	No use campanitas de viento. Si hay una enfermedad relacionada con el estómago, ponga aquí un amuleto rojo. Sería excelente colocar aquí un árbol de gemas de cristal.
2	**7**	Hay dinero durante el Período Siete, pero la suerte con los hijos no será buena. Problemas al concebir hijos. Gente sin escrúpulos en el trabajo tenderá a actuar en contra de usted.	Use bolas de metal y campanitas de viento metálicas. Cuelgue una espada de monedas para superar momentos graves en el trabajo. Utilice también un gallo de porcelana.
2	**8**	Riqueza y abundancia, pero existe mala salud, aunque puede remediarse.	Use agua para vencer la estrella de la mala salud y el símbolo de la buena salud, el wu lou.
2	**9**	Suerte sumamente mala. Nada tendrá éxito a no ser que se ponga remedio. No es una buena indicación para los hijos. Use plantas de agua.	Use plantas de agua. Use también monedas o campanitas de viento.

ENTENDER LOS GRÁFICOS DE TRIGRAMAS: EL NÚMERO 3 Y LOS NÚMEROS ANUALES

El número 3 es el número pendenciero en este método y en el feng shui de Estrella Voladora. Si este número aflige su habitación, tendrá que soportar hostilidades y peleas a menos que instale los remedios necesarios.

Número de trigrama	Número anual	Significados	Intensificadores/remedios
3	**1**	Sufrimiento causado por habladurías y calumnias. Podría haber pleitos y problemas legales.	Use agua para intensificar y plantas de agua. Si ya está metido en un pleito, trasládese temporalmente a una habitación menos afligida. Le será de ayuda un obelisco de cristal natural.
3	**2**	Peligrosa para quienes están en política; pleitos, incluso cárcel. Habladurías, calumnias. Mala suerte para mujeres; obesidad.	Algunos maestros recomiendan oro y fuego. A mí también me gusta usar cuadros que muestren peces de colores rojos y dorados.
3	**3**	Habladurías y calumnias. Peleas. Robos. Una indicación muy peligrosa que puede irse de las manos muy fácilmente. Debe hacer todo lo posible para no tener demasiado ruido en la parte de la casa afligida por el 3 doble. En feng shui de Estrella Voladora, el 3 doble trae hostilidad y agravamiento.	Use una espada de monedas, pues se necesita metal pero no el ruido del mismo. El agua quieta siempre es de ayuda, así que puede ayudar a calmar la situación con alfombras y cortinas azules. Use azul oscuro más que claro.
3	**4**	Sufrimiento causado por escándalo sexual. Éste se manifiesta en presencia de terceros en su familia. Puede vencerlo con cristal debajo de la cama.	Use luces brillantes para disipar el chi del escándalo. También ponga un cristal de amatista bajo la cama, donde están los pies.
3	**5**	Pérdida de riqueza. Problemas graves de dinero. Si su dormitorio se encuentra aquí, las pérdidas económicas son graves. Si está en la cocina, la enfermedad es inevitable.	Agote el 5 con una pintura de montañas de color cobre. El metal yin es muy eficaz para superar la aflicción.
3	**6**	Época de crecimiento lento. Heridas en las piernas. Mala para varones jóvenes.	Use agua quieta (yin).
3	**7**	Le robarán o entrarán en su casa. Violencia. Posibilidad de heridas de cuchillo o arma de fuego. Sangre.	Use agua quieta (yin). Ésta agotará la ferocidad del 7 en esta combinación.
3	**8**	No es buena para niños menores de doce años. Peligro para miembros del cuerpo.	Use luces brillantes para curar.
3	**9**	Robo. Pleitos. Peleas.	Use agua quieta (yin).

ENTENDER LOS GRÁFICOS DE TRIGRAMAS: EL NÚMERO 4 Y LOS NÚMEROS ANUALES

El número 4 en el feng shui de Estrella Voladora y del Trigrama de la Casa se considera un número favorable, ya que trae suerte académica. También es el número del romance, aunque puede volverse escandaloso si hay excesiva energía de agua.

Número de trigrama	Número anual	Significados	Intensificadores/remedios
4	**1**	Muy buena suerte en los romances, pero un exceso de agua llevará a escándalos sexuales. Las aventuras llevan a la infelicidad y rompen familias. Debe guardarse contra la posibilidad de dejarse arrastrar. Pero suerte excelente en lo creativo y para los escritores.	Una estatua de Kuan Yin o una imagen de un Buda Riente para atraer ayuda divina podría aumentar más la suerte y también salvarle de cometer excesos.
4	**2**	Enfermedad en órganos internos. El marido tiene una aventura extramarital, o por lo menos puede verse atraído a una situación de cierto riesgo, que podría dar lugar a escándalos.	Use un cristal de amatista bajo la cama. Hágalo como precaución, asegúrese de que la amatista que usa sea lo bastante grande (10-14 cm).
4	**3**	Tensión emocional debido a las relaciones, y problemas sexuales y emocionales.	Use un rojo fuerte para vencerla, tal vez cojines, cortinas y colgaduras en la pared de color rojo canela.
4	**4**	Excelente para escribir y suerte creativa. Muy atractiva para el sexo opuesto. Florecerá el romance.	Flores frescas para aumentar el crecimiento del romance. Cuidado con el exceso de agua, pero active con la doble felicidad y otros símbolos de romance.
4	**5**	Enfermedades de la piel transmitidas por vía sexual. Cáncer de mama. El riesgo de enfermedad es alto. Use una pintura que represente agua y una montaña como cura.	Use una pintura que represente agua y una montaña como cura. Use también una campanita de viento para controlar el 5.
4	**6**	Suerte con el dinero, pero la creatividad se seca. Mala suerte indicada para las mujeres, sobre todo las embarazadas, que deben mudarse a otra habitación.	Fortalezca el elemento tierra con cristales. También ponga el símbolo de la salud, conocido como un wu lou, junto a la cama.
4	**7**	Mala suerte en el amor. Será engañado por el otro sexo. Dolencias en los muslos y en el bajo abdomen. En el dormitorio, la aflicción es grave. Si la puerta principal está en este sector, ponga en él un par de Chi Lin.	Use agua yang para controlar. Hay varias curas de agua que podría emplear, pero si es en el dormitorio use azul o negro.
4	**8**	Excelente suerte en la profesión para los escritores. Mala para niños muy pequeños. Lesiones en miembros del cuerpo.	Use luces para combatir la amenaza a los niños. Aumente la suerte del 8 con cristales naturales redondos, cuanto más grandes mejor.
4	**9**	Época de preparación. Buena para estudiantes. Necesidad de tener cuidado de que no se declaren incendios.	Use madera o plantas, pero cerciórese de que el elemento fuego no se hace muy fuerte.

ENTENDER LOS GRÁFICOS DE TRIGRAMAS: EL NÚMERO 5 Y LOS NÚMEROS ANUALES

El número 5 es un número muy desafortunado y peligroso en este sistema de feng shui. Cada vez que vuela hasta su dormitorio o aflige la puerta principal, trae consigo enfermedades, accidentes y pérdidas económicas graves.

Número de trigrama	Número anual	Significados	Intensificadores/remedios
5	**1**	Podrían presentarse problemas de audición y también dolencias relacionadas con el sexo. El 5 combinado con el 1 es mal asunto.	Use campanitas de viento metálicas y huecas de seis varillas; esto agota el 5 y fortalece el 1.
5	**2**	Desgracias y muy mala suerte. Enfermedad que puede ser fatal. Es una buena idea trasladarse fuera de la habitación afligida. Hay que temer a estos dos números juntos. La enfermedad es segura, pero también puede haber pérdidas.	Use abundantes campanitas de viento de seis varillas, monedas de oro y energía de metal, ya que la combinación del 2 y el 5 aguanta firme y sus efectos son muy graves.
5	**3**	Problemas de dinero. Disputas. Mala suerte en los negocios que podría llevar a pleitos y provocar una tensión extrema a los ocupantes.	Use agua/montaña. Ponga seis monedas encajadas en las paredes y por encima de la puerta.
5	**4**	La creatividad se seca. Malestar. Problemas de piel que podrían agravarse.	Ponga plantas de hojas grandes para que absorban la mala energía y para intensificar el 4. No use plantas de hojas delgadas y en punta.
5	**5**	Una combinación muy crítica. Peligro extremo indicado por el 5 doble. Suceden desgracias con gran ferocidad. Enfermedad grave y accidentes que pueden ser fatales. Tenga cuidado.	Use campanitas de viento metálicas de seis varillas para superar la situación. Pinte la habitación de blanco y también ponga seis monedas bajo la alfombra y encima de la puerta.
5	**6**	Mala suerte para las finanzas. Pérdidas. Enfermedades relacionadas con la zona de la cabeza. Peligro también para el hombre.	Ponga seis monedas bajo la alfombra para que ayuden a fortalecer la energía de metal.
5	**7**	Abundantes discusiones. Enfermedad relacionada con la boca.	Aquí son un buen remedio las monedas y las campanas, también las de viento. Pero en el Período Ocho esta combinación se vuelve peligrosa.
5	**8**	Problemas relacionados con los miembros, huesos y articulaciones. Es necesario tener cuidado con los deportes violentos.	Use agua yang para pacificar.
5	**9**	Mala suerte a su alrededor. No especule ni juegue, pues es seguro que perderá. Problemas con los ojos. Peligro de incendio.	Use agua y también pinturas rojas y doradas. Contra la combinación 5/9 también son eficaces las campanitas de viento.

ENTENDER LOS GRÁFICOS DE TRIGRAMAS: EL NÚMERO 6 Y LOS NÚMEROS ANUALES

El número 6 es otro número blanco de la suerte, y se considera uno de los tres números más afortunados en el análisis del feng shui de Estrella Voladora y de Trigramas. Si su dormitorio está en este sector de la casa indica suerte extraordinaria.

Número de trigrama	Número anual	Significados	Intensificadores/remedios
6	**1**	Suerte económica, y quienes aportan mayores ingresos en la familia manifiestan alegría. Es una indicación excelente de buena fortuna. Dolores de cabeza debidos a una tensión excesiva.	Incremente con energía de metal, ya que el metal crea agua y también intensifica el 6. Use un cuenco de lingotes de oro.
6	**2**	Gran riqueza y éxito en todo. Problemas de estómago. El patriarca podría sentirse mal.	No es necesario intensificar, pero sí controlar con campanas; la idea es fortalecer el 6 y suprimir el 2, así que ponga energía metálica.
6	**3**	Ganancias inesperadas. Suerte en especulaciones. Lesiones en las piernas.	Intensifique con piedras preciosas o con un cuenco de «diamantes» (cristales australianos). Éste es el mejor intensificador de la suerte en la riqueza. Protéjase contra las lesiones en las piernas con energía de plantas y retirando el metal.
6	**4**	Ganancias inesperadas para las mujeres de la familia. Lesiones en la parte inferior del cuerpo. Las embarazadas han de tener cuidado.	Incremente con bolas de cristal lisas y redondas. No aumente con energía de metal, pues podría ser peligroso.
6	**5**	Bloqueada la suerte en el dinero. Podría prevalecer la enfermedad.	Use campanas y espejos de latón para vencer el 5 anual.
6	**6**	Excelente suerte con el dinero caído del cielo, pero el exceso de metal puede ser peligroso, así que no incremente con metal.	No es necesario intensificar. Mejor no hacerlo.
6	**7**	Peleas competitivas por el dinero. Discusiones. La hostilidad podría dar lugar a algo desagradable. También el éxito engendra celos. Deben andarse con cuidado.	Use agua para frenar y controlar la aparición de chismorreos y envidias.
6	**8**	Abundancia, popularidad, prosperidad. Gran riqueza. Probablemente sea la mejor combinación en la técnica de la Estrella Voladora. Los enamorados pasarán un período de soledad.	Intensifique con agua y cerciórese de tener una puerta o ventana en ese sector, pues ésta es una combinación muy favorable. Use diamantes de cristal.
6	**9**	Suerte con el dinero. Frustración entre generaciones, que dará lugar a discusiones entre jóvenes y viejos.	Agua para reducir la fricción diaria. Use también un espejo de latón para absorber el mal chi y reducir la posibilidad de que los malentendidos se conviertan en algo más serio.

ENTENDER LOS GRÁFICOS DE TRIGRAMAS: EL NÚMERO 7 Y LOS NÚMEROS ANUALES

El número 7 ha traído gran prosperidad en los años posteriores a 1984; pero ahora su energía se está desvaneciendo rápidamente y volviendo desfavorable. Para el 4 de febrero de 2004, el número 7 se habrá vuelto desafortunado y débil, lo cual provocará robos, accidentes y violencia que darán lugar a lesiones graves causadas por el metal. Se han de usar salvaguardias para hacer frente a este período.

Número de trigrama	Número anual	Significados	Intensificadores/remedios
7	**1**	Suerte sumamente buena en la prosperidad. Pero la competencia es mortal y puede volverse hostil. Ande con cuidado con socios en los negocios.	Use un elemento de agua para fortalecer el 1, ya que aportará un buen chi a esta combinación.
7	**2**	Se disipa la suerte con el dinero. Se atenúa la suerte para los niños. Sus hijos deberán tener cuidado.	Use campanitas de viento.
7	**3**	Peligro grave de lesiones en los miembros, tenga cuidado. No intensifique la energía de metal, ya que se volverá peligrosa.	Use agua quieta (yin) para vencerlo y agotar la energía de metal. El agua debe estar en una urna de al menos 45 cm de profundidad.
7	**4**	Alguien del sexo opuesto le lleva a dar un paseo (use un amuleto para protegerse contra pérdidas de dinero en esta ocasión). Las embarazadas deben tener cuidado.	Use agua. Si la casa pertenece a personas mayores, es necesario quitar las flores del dormitorio.
7	**5**	Problemas causados por excesivas habladurías. Peligro de envenenamiento o de algo que tiene que ver con la boca.	Use monedas, campanas o campanitas de viento de metal. En esta combinación también puede ayudar la energía roja.
7	**6**	Desgracia grave, aunque en ciertas circunstancias puede prevalecer el favorable 6.	Use agua para agotar el 7.
7	**7**	Predominio sobre la competencia. Suerte con el dinero. La vida sexual recibe un impulso para las personas jóvenes. Cuidado con excederse.	Use agua para corregir excesos. El 7 se debe tener bajo control en todo momento.
7	**8**	Lo mismo que arriba, pero mejor gracias a la energía del 8. Aquí la buena suerte es más fuerte que la mala.	Use agua y también abundante energía de cristales. Esto dará impulso a la energía del 8, traerá buena fortuna y un montón de suerte.
7	**9**	Todos los problemas vienen causados por vulnerabilidad ante insinuaciones sexuales. Existe el peligro de incendio.	Use tierra (piedras grandes) para aplastar la mala suerte. Aquí hay que mantener el 7 bajo control. Use chi de agua: motivos azules, negros y acuáticos.

ENTENDER LOS GRÁFICOS DE TRIGRAMAS: EL NÚMERO 8 Y LOS NÚMEROS ANUALES

El número 8 es el tercer número blanco, y se considera el número más afortunado del feng shui de Trigramas de la Casa y de Estrella Voladora. Siempre que está presente el 8, trae una energía poderosa y de buena suerte. Su presencia en cualesquiera de los gráficos sin duda trae prosperidad cuando se convierte en el número regente del período de veinte años que comienza el 4 de febrero de 2004.

Número de trigrama	Número anual	Significados	Intensificadores/remedios
8	**1**	Excelente y favorable suerte en la prosperidad. Avance en la profesión. Suerte en el dinero. Pero prevalece la rivalidad con hermanos.	Intensifique con agua y con cristales. Ponga barcos o veleros llenos de «diamantes» como potente intensificador de riqueza.
8	**2**	Posibilidad de creación de riqueza. Propiedades y acumulación de bienes. Pero existe el peligro de enfermedad. Sin embargo, por lo general el 8 es un número de gran suerte, y prevalecerá.	Use una pintura de una montaña. Una piedra con un grueso hilo rojo atado alrededor activará el chi de tierra. Supere el 2 con energía de metal e intensifique el 8 con energía de tierra.
8	**3**	Retire a los niños de este sector. Lesiones en los miembros. Cierta hostilidad y malentendidos que surgen de la envidia.	Use rojo o amarillo.
8	**4**	Matriarcado abrumador. La vida amorosa de la generación más joven sufre por problemas con la madre y tal vez con la suegra. Lesiones en los miembros (protéjase con un amuleto).	Use fuego o color rojo para vencerlo. El rojo es especialmente potente, ya que aplaca la energía matriarcal.
8	**5**	Problemas relacionados con los miembros, articulaciones y huesos del cuerpo. Es necesario tener cuidado con los deportes violentos, escalar montañas, el esquí y otras actividades en las que se utilizan brazos y piernas.	Use agua para apaciguar. También supere la amenaza y el peligro de accidentes poniendo un espejo de latón en la habitación.
8	**6**	Riqueza, popularidad, prosperidad. Gran abundancia. La vida amorosa atraviesa un mal bache, pero al final mejorará.	Intensifique con cristales. Asegúrese de que haya una puerta o una ventana en ese sector, pues atraerá la buena suerte.
8	**7**	Prevalencia sobre la competencia. Suerte en el dinero. La vida sexual recibe un impulso para las personas jóvenes. Cuidado con los excesos.	Use agua para corregir los excesos.
8	**8**	Excelente suerte en la creación de riqueza. Muy favorable.	No es necesario intensificar.
8	**9**	Excelente para el dinero y las celebraciones. Pero los malentendidos entre la generación joven y la vieja pueden volverse desagradables.	Use agua para calmar el fuego.

ENTENDER LOS GRÁFICOS DE TRIGRAMAS: EL NÚMERO 9 Y LOS NÚMEROS ANUALES

El número 9 es el último número intensificador, pues combina la plenitud del cielo y de la tierra. Puede ser excelente cuando va acompañado de un número anual favorable, pero también puede resultar mortal si se combina con un 5 o un 2. Lo principal del 9 es su fuerte energía de fuego. Cuando está controlada, es excelente, pero cuando no lo está puede provocar desastres.

Número de trigrama	Número anual	Significados	Intensificadores/remedios
9	**1**	Buena para la suerte en la profesión y en el dinero, pero puede volverse mala cuando vuela hasta ahí el 5. Peligro de problemas oculares.	No intensifique.
9	**2**	Suerte sumamente mala. Nada tendrá éxito a no ser que se le ponga remedio. No es una buena indicación para los niños. Aquí el 9 intensifica el mal número 2.	Use plantas de agua. Use también monedas o campanitas de viento. No use aquí luces brillantes.
9	**3**	Ocasión de robo. Pleitos. Peleas. Riesgo de incendio.	Use agua quieta (yin).
9	**4**	Época de preparación. Buena para los estudiantes. Cuidado con el fuego; la combinación 9/4 posee peligros ocultos, de modo que es una buena idea tener mucho cuidado.	Use madera o plantas, pero no se exceda al aumentar la energía de fuego. Es mejor tener energía de madera joven que de madera vieja, así que aquí será bueno usar plantas jóvenes.
9	**5**	Mala suerte alrededor. No especule ni juegue, ya que sin duda perderá. Problemas oculares. Peligro de incendio.	Use campanitas de viento para vencer esta combinación potencialmente mortal.
9	**6**	Suerte en el dinero. Frustración entre generaciones, que dan lugar a discusiones entre jóvenes y viejos; normalmente se manifiestan como problemas entre padre e hija.	El agua reducirá las fricciones, pero mejor remedio es que las niñas que estén en esa habitación se trasladen a otra.
9	**7**	Problemas ocasionados por vulnerabilidad a insinuaciones sexuales. También hay peligro de incendio.	Use tierra (piedras grandes) para aplastar la mala suerte. También lleve un amuleto para alejar el peligro de agresión sexual.
9	**8**	Excelente para el dinero y las celebraciones. Pero los malentendidos entre generaciones pueden volverse desagradables. También hay peligro de graves conflictos por envidia e inseguridades.	Use agua para calmar el fuego. Ponga una urna grande de agua quieta (yin). Hay que aplastar la energía de fuego, sobre todo si sucede esto en el sur.
9	**9**	Buena o mala, dependiendo de otras indicaciones. En general, un 9 doble puede ser neutral y depende de los números mensuales que vuelen hasta ahí. Cuando el número mensual que llega es bueno, la suerte aumenta; cuando es un 5 o un 2, las desgracias serán más graves.	No intensifique.

CÓMO INTERPRETAR UN GRÁFICO DE TRIGRAMA

Para utilizar los gráficos de trigramas, superponga el gráfico al plano de la casa de modo que queden colocadas sobre el mismo las localizaciones según la brújula de las combinaciones de números. En el ejemplo aparece una casa Chen, que se sienta en el este y mira hacia el oeste. Como el número del este es el 3, el número grande del centro del gráfico es el 3, y a partir de él se crea el gráfico entero.

A continuación, observe los números correspondientes a 2003 (indicados en el ángulo inferior izquierdo de cada casilla) y a 2004 (en el ángulo inferior derecho) para leer la suerte de las principales habitaciones. Las partes más importantes de la vivienda son la entrada principal y los dormitorios (en amarillo). Mire primero el dormitorio principal y todos los dormitorios, y por los números anuales podemos ver que los ocupantes disfrutarán de buena suerte en 2003, pero que en 2004 la buena fortuna comienza a disiparse. Esto resulta más claro cuando nos fijamos en la zona de la entrada. En 2003 el sector oeste cuenta con los poderosos auspicios del 8, pero en 2004 cambia a 7, que para el 2004 se ha vuelto feo y peligroso.

Comparando los números anuales de un año con otro es posible prevenir los malos tiempos venideros. Observe que el malvado número 7 puede controlarse poniendo agua en esa parte de la casa; esto se debe a que el agua agota el chi de elemento metal del 7.

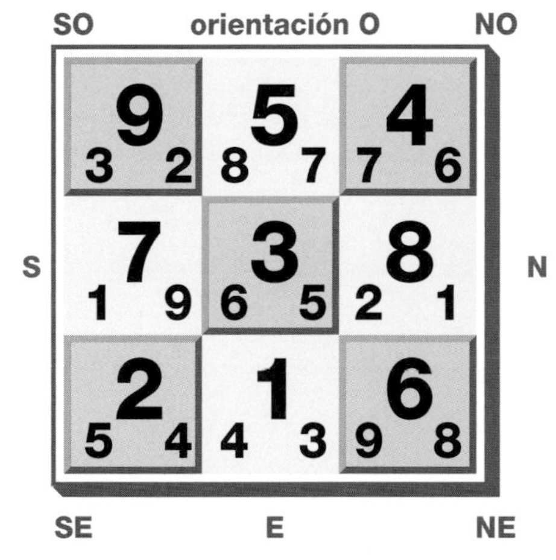

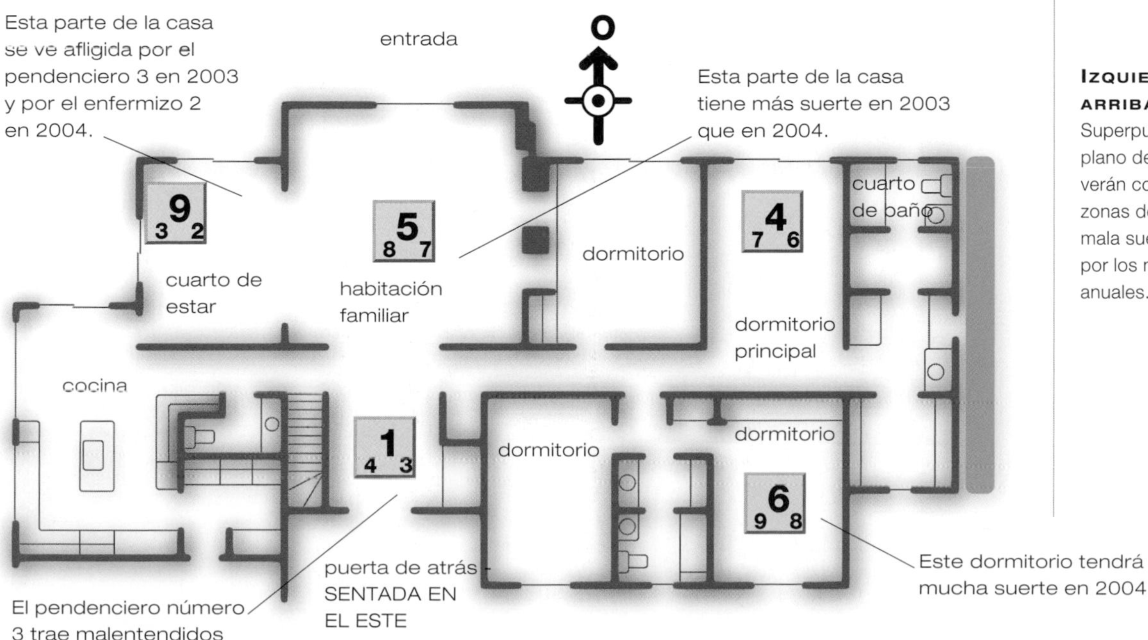

Izquierda y arriba. Superpuestas a un plano de la casa, se verán con claridad las zonas de buena y mala suerte resaltadas por los números anuales.

LA FÓRMULA DE ESTRELLA VOLADORA

No hay muchas personas que se den cuenta de que el feng shui tiene una dimensión en el tiempo que se puede investigar empleando detallados gráficos anuales y mensuales de Estrella Voladora. El feng shui de Estrella Voladora es una rama del feng shui de fórmulas con brújula, que emplea la dirección de orientación de los edificios, entre ellos las viviendas, para determinar las cartas natales que revelan el mapa de la suerte de esos edificios por períodos de veinte años.

Los gráficos de Estrella Voladora ofrecen un mapa para capturar la suerte en la riqueza, las relaciones y la salud actuando en las habitaciones de la casa a fin de beneficiar directamente a sus ocupantes. Esto se lleva a cabo identificando y luego activando las estrellas favorables de agua y de montaña en el lugar de la casa donde caigan.

Recuerde que aunque el espacio y la dirección permanecen constantes, el tiempo cambia, y cada nuevo ciclo de tiempo aporta influencias energéticas nuevas que afectan a la salud, la riqueza, la economía, el romance, el matrimonio, la familia y el crecimiento personal. Ésta es la emocionante promesa del feng shui de Estrella Voladora. Si usted sabe utilizarlo, su vida mejorará para siempre.

LA FÓRMULA DE ESTRELLA VOLADORA

Las cartas natales de Estrella Voladora se denominan a veces cartas de los Nueve Palacios. Dichas cartas trazan el mapa de la «suerte» de edificios yang, es decir, revelan las zonas de buena y mala suerte mediante los números situados en cada una de las nueve secciones, los Nueve Palacios del hogar.

ABAJO. El próximo período, el Período Ocho, comienza el 4 de febrero de 2004, y afecta a las casas de todo el mundo. Los maestros del feng shui recomiendan cambiar la casa para que pertenezca al Período Ocho. Si es posible, resulta aconsejable renovar al menos parte del tejado.

Se conoce como feng shui de Estrella Voladora porque los números mismos se denominan estrellas, y se mueven de acuerdo con direcciones de la brújula y períodos de tiempo, de modo que se llaman Estrellas Voladoras. Hay que tener en cuenta:

- No todos los expertos están de acuerdo en lo que constituye el período de un edificio (véase la página de enfrente). Unos dicen que es cuando un edificio está construido del todo; otros afirman que es cuando fue renovado por última vez, y otros sostienen obstinadamente que es cuando se instalaron en él los últimos ocupantes. El período de la casa es una cuestión vital, ya que constituye la base de la carta natal.

- No todos los expertos están de acuerdo en cómo se ha de determinar la dirección de orientación de un edificio dado. Unos dicen que es el sitio donde la casa da a la calle, lugar del máximo chi; otros que es donde la casa da al paisaje más libre de obstáculos, y aún hay otros que afirman que es el lugar al que da la puerta principal. Se requiere criterio e investigación sobre el terreno.

- No todos los expertos están de acuerdo en las curas prescritas para las aflicciones de Estrella Voladora (véanse las páginas 93-95). Existe una pequeña minoría que sostiene obstinadamente que sencillamente no hay más cura que abandonar los lugares afligidos. Otros muchos emplean la poderosa práctica del feng shui simbólico y la teoría de los cinco elementos para prescribir curas para aflicciones de Estrella Voladora, con gran éxito.

Así pues, ¿cómo hacer para determinar nuestro propio gráfico de Estrella Voladora? Los gráficos que se utilizan a lo largo de este libro como ejemplos en los análisis de interiores de viviendas son gráficos del Período Siete. Sin embargo, el Período Siete finaliza el 4 de febrero de 2004, así que en las páginas 88-89 se muestran gráficos del Período Siete y el Período Ocho. Para saber qué gráfico corresponde a su casa o apartamento, utilice una brújula, sitúese de pie frente a su casa y observe la dirección hacia la que está orientada.

LOS CICLOS DEL TIEMPO

Si usted está practicando el método básico de feng shui Pa Kua, de las Ocho Aspiraciones (véanse las páginas 42-55), la edad de su hogar no viene al caso, aunque las fórmulas más poderosas la toman en cuenta.

Una era completa abarca 180 años, los cuales comprenden tres ciclos de 60 años cada uno: el ciclo Inferior, el Mediano y el Superior. Cada uno de estos ciclos se divide además en períodos de veinte años, y cada período está regido por un número dominante (número regente). En todo período hay 16 cartas natales distintas.

El Período Siete de veinte años comenzó el 4 de febrero de 1984, y todas las casas y edificios que se construyeron, terminaron o renovaron dentro de dicho período se denominan casas del Período Siete, y las cartas natales del Período Siete de la página 88 representan mapas de los sectores de dichas casas tocados por la suerte.

Aunque su casa o piso fuera construido antes de 1984, cualquier reforma o renovación de la pintura efectuadas dentro del Período Siete pueden haberlo transformado en un edificio del Período Siete. Así mismo, aunque el Período Siete finaliza el 4 de febrero de 2004, a los efectos del análisis, la carta natal de su hogar continúa siendo del Período Siete a no ser que usted lleve a cabo renovaciones importantes para convertirlo en un edificio del Período Ocho. No obstante, los significados de algunos números cambian cuando cambia el período, de modo que es necesario empezar a pensar en el próximo cambio al Período Ocho, que durará hasta el 4 de febrero de 2024.

IZQUIERDA. Cada período dura veinte años. El Período Siete termina el 4 de febrero de 2004, cuando se inicia el Período Ocho. Éste durará veinte años.

LAS 24 MONTAÑAS DE LAS DIRECCIONES

Las 24 Montañas es el nombre que se emplea para describir las 24 direcciones de la brújula en el feng shui de Estrella Voladora. Cada una de las ocho direcciones principales se subdivide en tres subdirecciones. El sur es sur 1, sur 2 y sur 3; el oeste es oeste 1, oeste 2 y oeste 3, y así sucesivamente. Cada subdirección ocupa 15 grados de la brújula. Para ayudarle a determinar cuál es su dirección de orientación y buscar el gráfico que corresponde a su casa, consulte la tabla siguiente. Si el suyo es un edificio del Período Siete, podrá encontrar en este capítulo el gráfico de Estrella Voladora que muestra la suerte de su casa, y puede utilizarlo para analizar el feng shui de su hogar y después diseñar los interiores del mismo para beneficiarse de la máxima suerte en la riqueza y en las relaciones.

DIRECCIÓN DE ORIENTACIÓN DEL EDIFICIO O DIRECCIÓN DE ORIENTACIÓN DE LA PUERTA PRINCIPAL *	LA LECTURA EXACTA EN GRADOS TOMADA DE UNA BRÚJULA FIABLE	DIRECCIÓN DE ORIENTACIÓN DEL EDIFICIO O DIRECCIÓN DE ORIENTACIÓN DE LA PUERTA PRINCIPAL *	LA LECTURA EXACTA EN GRADOS TOMADA DE UNA BRÚJULA FIABLE
Sur 1	157,5 a 172,5	Norte 1	337,5 a 352,5
Sur 2	172,5 a 187,5	Norte 2	352,5 a 007,5
Sur 3	187,5 a 202,5	Norte 3	007,5 a 022,5
Suroeste 1	202,5 a 217,5	Noreste 1	022,5 a 037,5
Suroeste 2	217,5 a 232,5	Noreste 2	037,5 a 052,5
Suroeste 3	232,5 a 247,5	Noreste 3	052,5 a 067,5
Oeste 1	247,5 a 262,5	Este 1	067,5 a 082,5
Oeste 2	262,5 a 277,5	Este 2	082,5 a 097,5
Oeste 3	277,5 a 292,5	Este 3	097,5 a 112,5
Noroeste 1	292,5 a 307,5	Sureste 1	112,5 a 127,5
Noroeste 2	307,5 a 322,5	Sureste 2	127,5 a 142,5
Noroeste 3	322,5 a 337,5	Sureste 3	142,5 a 157,5

* Quienes vivan en un piso deberán determinar la dirección de orientación del edificio entero y después utilizar la carta natal que proceda para analizar ese piso en particular. Emplee siempre una brújula para identificar las direcciones y los sectores. También puede averiguar dónde está situado su piso en el gráfico Lo Shu del edificio. Ello le dará una idea general de la suerte de su piso, pues podrá ver de forma instantánea si los números de esa cuadrícula son favorables o no. Ésta es una manera muy segura de localizar los pisos con suerte de cualquier edificio.

CÓMO APROVECHAR AL MÁXIMO LOS GRÁFICOS

Lo que a usted le interesa de estos gráficos es lo siguiente:

- qué números representan la suerte en la riqueza y cuáles la suerte en las relaciones;

- cuáles son los números afortunados y desafortunados y cómo se pueden variar.

En primer lugar, deberá familiarizarse con un gráfico típico. Los diferentes números significan:

1 Las combinaciones de todos los números del interior de cada casilla tienen gran importancia. Los números pequeños situados a derecha e izquierda del número central son las estrellas de montaña (a la izquierda) y las estrellas de agua (a la derecha). Indican la suerte en la riqueza y en las relaciones respectivamente, y son los números estrella importantes.

2 La interpretación de los gráficos tiene en cuenta cómo impacta el número del período en los números de la estrella de agua y la estrella de montaña. La estrella del período es el número grande del centro.

3 Los números estrella de agua buenos se activan con la presencia de agua yang. Si lo que usted desea es riqueza, busque dónde está el 8 estrella de agua y después construya o compre un bonito elemento de agua para colocarlo ahí, que le permiten tener peces, agua en movimiento y plantas.

4 Los números estrella de montaña buenos se activan con objetos del elemento tierra. Si lo que usted busca es un romance o desea fortalecer su matrimonio, o si usted o su compañero están en la política y desea contar con un apoyo continuo, busque en su hogar el 8 estrella de montaña y ponga en ese rincón o habitación un cristal natural de tamaño grande. O invierta en una gran figura de porcelana o una escultura de piedra, o cuelgue una pintura de una cordillera de montañas. Esto mejorará su suerte en las relaciones y su salud. Los mejores energizantes son los grandes cristales naturales en su estado original o las bolas de cristal grandes y redondas.

5 No se olvide de valorar el impacto de los números estrella mensuales y anuales. Éstos ejercen su influencia en los sectores, y cuando se da una concentración de números malos en un mes concreto, cualquier efecto negativo se verá aumentado. Use el horóscopo del feng shui (véanse las páginas 36-37) para calcular los efectos de los números mensuales y anuales.

6 Por último, observe que cuando se combinan estrellas malas o estrellas buenas, por lo general requieren un catalizador, es decir, un elemento o estructura externos, para desencadenar un efecto. Así, se combinan formas y estructuras externas con la Estrella Voladora para acelerar efectos buenos y malos. Las piezas decorativas simbólicas tienen un vital efecto desencadenante sobre nuestra suerte. Cuando una estrella anual mala vuela hasta un sector que contiene números de la carta natal desafortunados, la mala suerte se desencadena mucho más deprisa si también hiere ese sector una flecha envenenada (véase la página 148).

GRÁFICOS DEL PERÍODO SIETE

ORIENTACIÓN S1

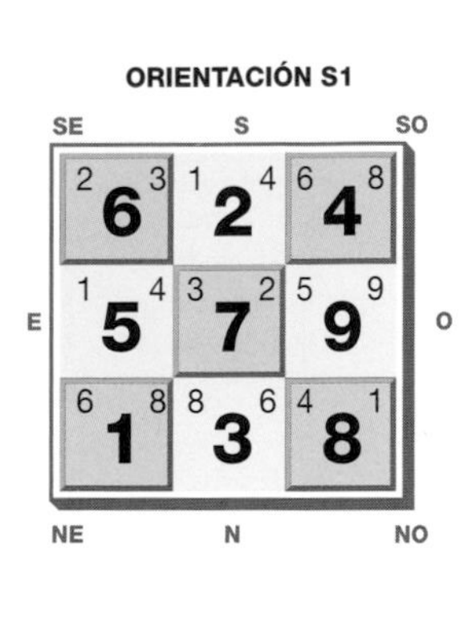

ORIENTACIÓN S2/3

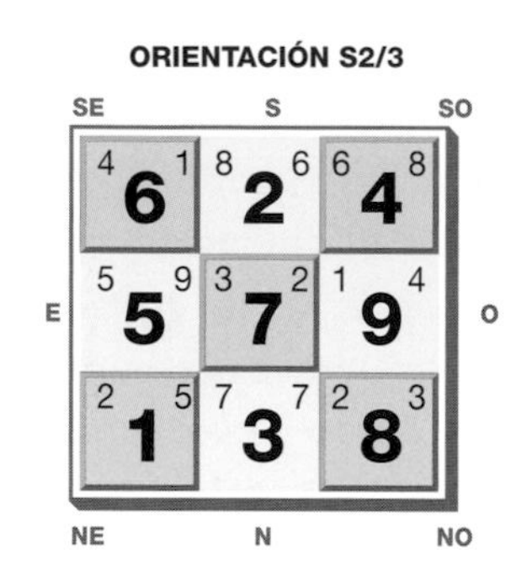

ORIENTACIÓN N1

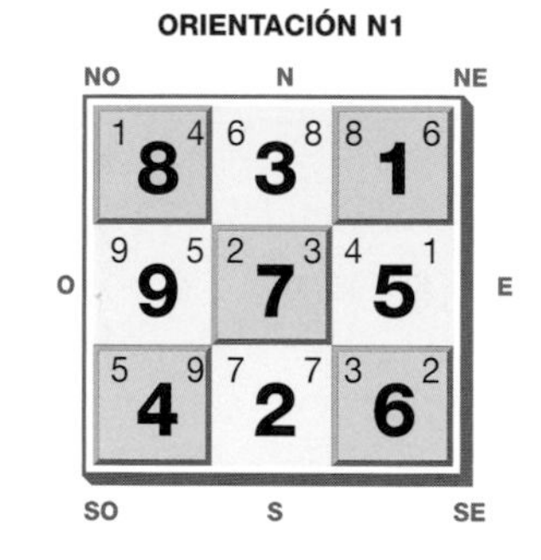

ORIENTACIÓN N2/3

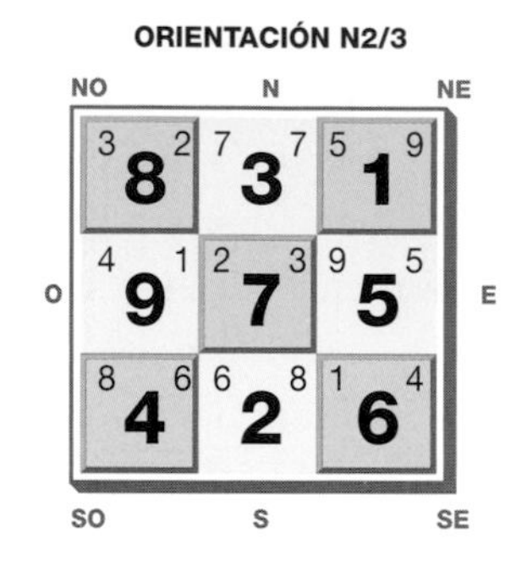

ORIENTACIÓN E1

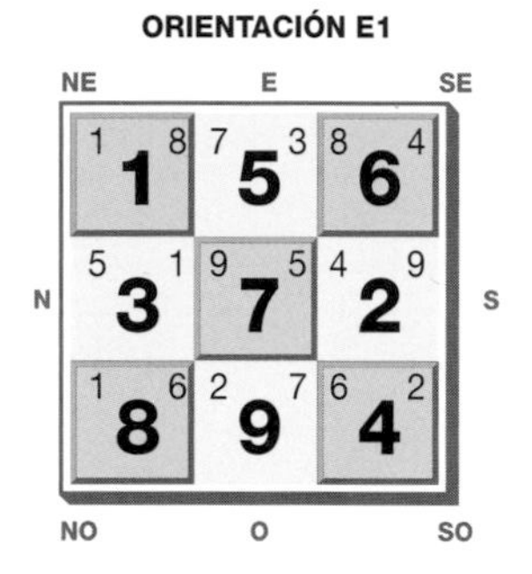

ORIENTACIÓN E2/3

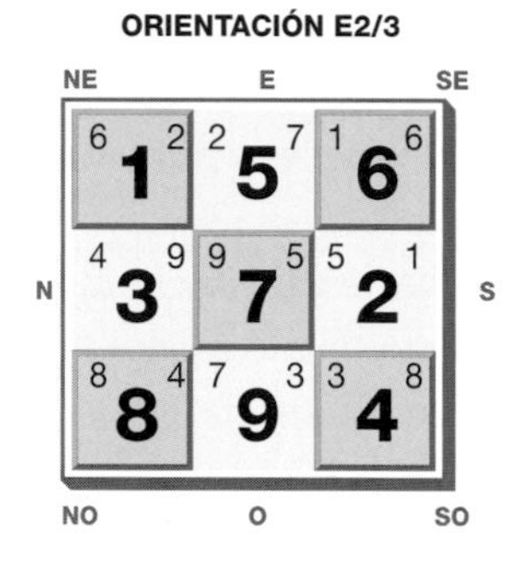

ORIENTACIÓN O1

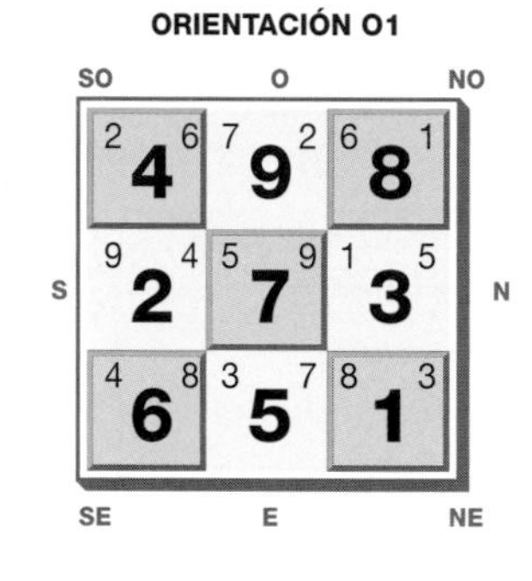

ORIENTACIÓN O2/3

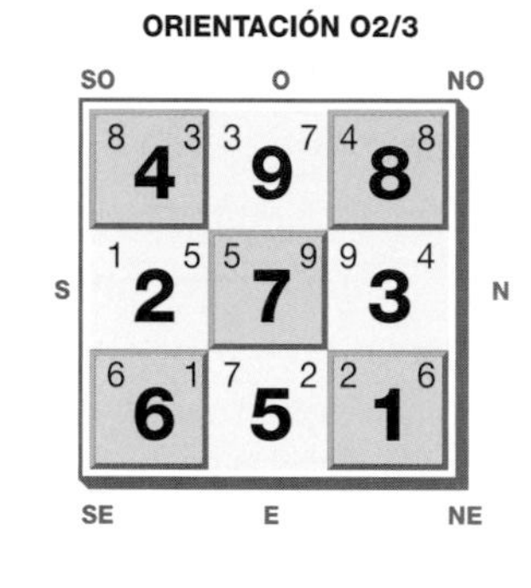

ORIENTACIÓN SE1

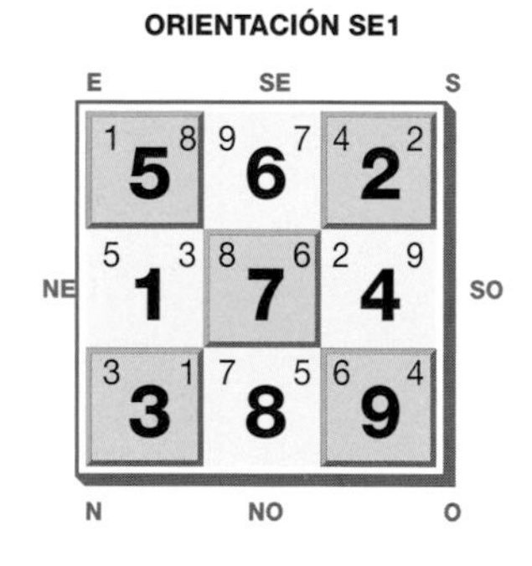

ORIENTACIÓN SE2/3

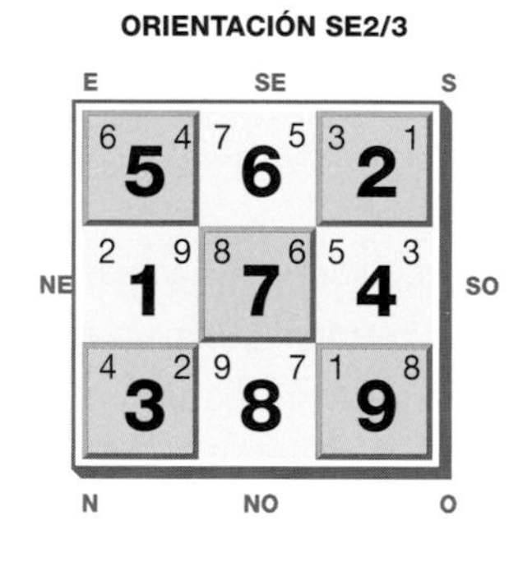

ORIENTACIÓN NE1

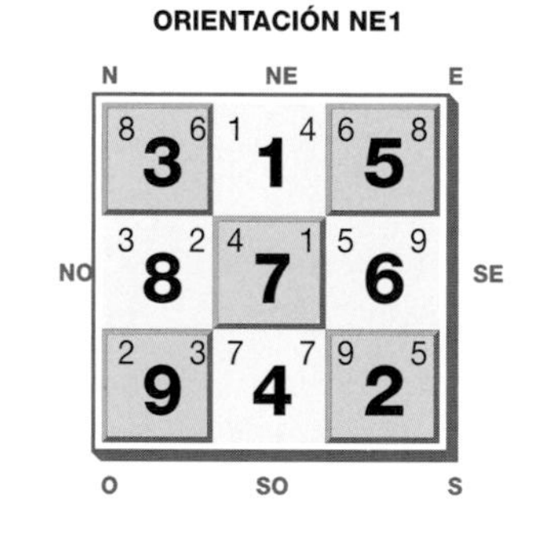

ORIENTACIÓN NE2/3

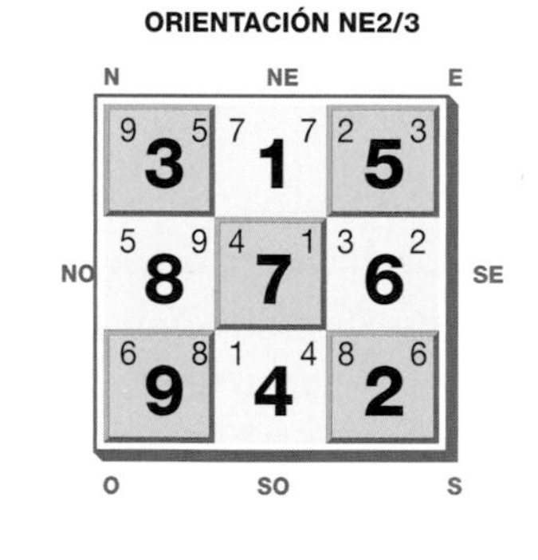

ORIENTACIÓN SO1

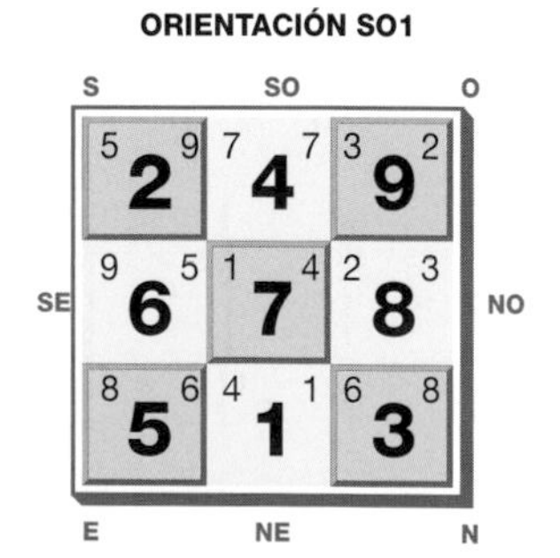

ORIENTACIÓN SO2/3

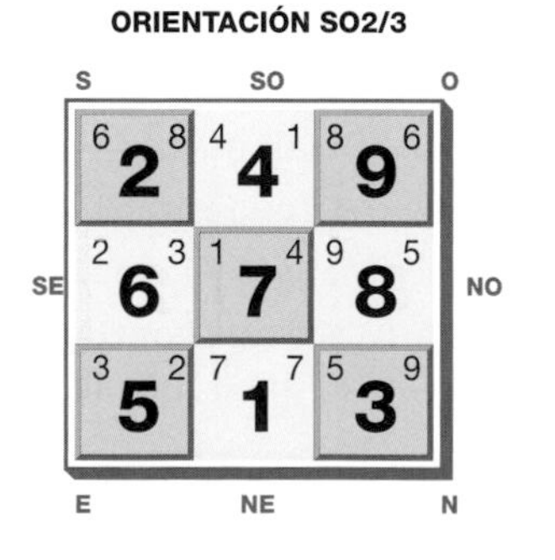

ORIENTACIÓN NO1

ORIENTACIÓN NO2/3

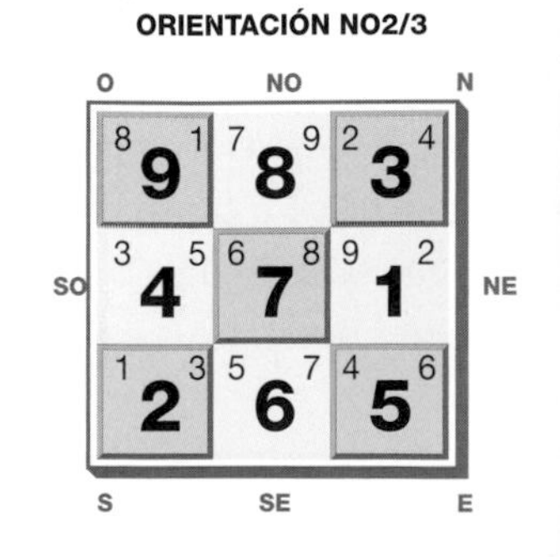

GRÁFICOS DEL PERÍODO OCHO

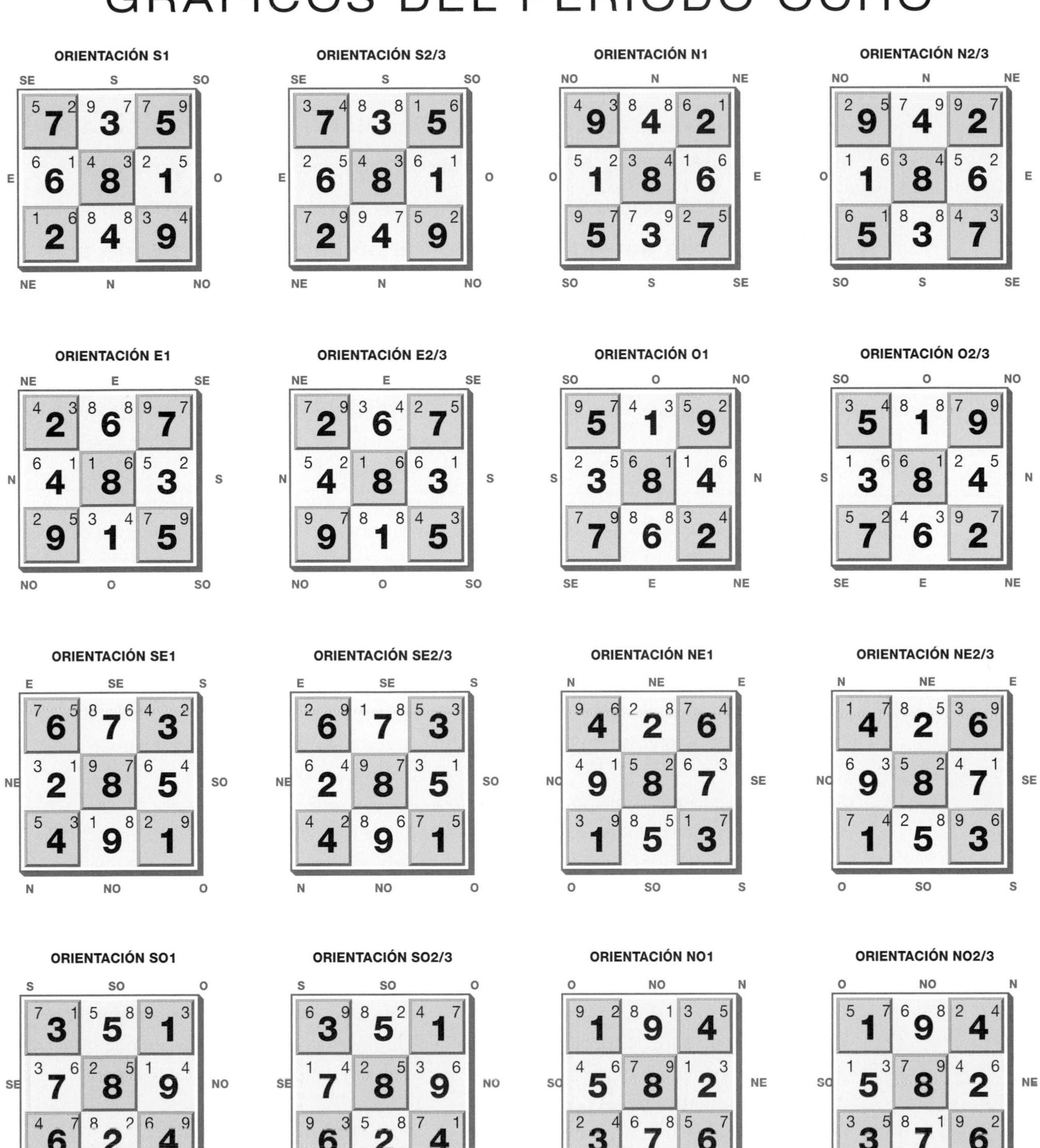

CÓMO INTERPRETAR LOS GRÁFICOS DE ESTRELLA VOLADORA

Una vez que sepa cuál es el gráfico Estrella Voladora para su casa, concéntrese en los números que ocupan su dormitorio y también el «Palacio Frontal», que es la zona del vestíbulo junto a la puerta de entrada. Cuando los números de esa zona son favorables, la casa entera le beneficia a usted y a su familia.

Para empezar a usar los gráficos de Estrella Voladora, siga este método paso a paso:

- Localice el gráfico de su casa.
- Superponga todos los números correctamente sobre el plano de la casa.
- Consulte las tablas de las páginas 96-99 para entender el significado de los números.
- Aplique remedios donde sea necesario para superar los números estrella malos.

Los gráficos de Estrella Voladora del feng shui son fáciles de entender una vez que conozca los significados de los números afortunados y desafortunados. Además, al estudiar los números de las estrellas de agua y de montaña en el gráfico concreto que corresponde a su casa o piso, podrá practicar un feng shui asombrosamente potente. Por ejemplo, podrá determinar qué habitaciones tienen suerte en la riqueza y cuáles tienen suerte para las pérdidas. Así podrá energizar o suprimir, empleando los remedios y energizantes recomendados. Los gráficos de Estrella Voladora revelan los sectores buenos y malos.

Los números favorables de todo gráfico de Estrella Voladora son los números blancos 1, 6 y 8, siendo este último el más favorable. En este período actual del 7, el número 7 también es un número afortunado, pero cuando el período cambie el 4 de febrero de 2004, el número 8 pasará a ser sumamente favorable, mientras que la suerte del 7 cambiará y traerá robos en casa, accidentes y pérdidas en vez de prosperidad. En el feng shui de Estrella Voladora sencillo, lo que hay que hacer es tomar nota de los números buenos y malos de los gráficos.

Estrellas de agua y de montaña

Debe diferenciar entre la estrella de montaña y la estrella de agua. La estrella de agua es la de orientación, y la estrella de montaña es la de asiento. Estas dos estrellas son los indicadores vitales de la suerte del gráfico de Estrella Voladora. Sus números son muy significativos a la hora de indicar la suerte de los sectores que ocupan.

Estrella de montaña

La estrella de montaña suele estar situada en el lado izquierdo del número del período. Este número pequeño indica la suerte en las relaciones y en la salud. Si el número es un 8, sugiere suerte excelente en las relaciones, que se activará si hay cerca una montaña. Dentro de la casa, puede colocar un gran cristal natural en la zona apropiada. También será eficaz una pared o una piedra especial.

Estrella de agua

La estrella de agua se encuentra a la derecha del número del período. Este número pequeño de cada una de las nueve casillas del gráfico indica si el espacio de esa área contiene el chi de la riqueza. Si el número es el 8, indica máxima suerte en la riqueza. Si es un 5 o un 2, indica mala suerte con el dinero. Así que la clave para la riqueza consiste en buscar la estrella de agua 8. Cuando la encuentre, actívela con un elemento acuático gorgoteante, ¡es así de simple!

ARRIBA. Un elemento de agua colocado en el rincón de su casa o su jardín donde se sitúa la estrella de agua 8 le traerá una suerte asombrosa.

SIGNIFICADOS DE LOS NÚMEROS	
5 y 2	Los números peligrosos que hay que temer son el 5 y el 2, porque se describen como los números de la enfermedad. Cuando aparecen en un gráfico, los ocupantes que están o duermen en esos sectores tendrán mala suerte, se pondrán enfermos o sufrirán desgracias.
3	El número 3 es un número hostil, y trae malentendidos, peleas y disputas. Si el 3 toca su dormitorio, podría verse golpeado por un pleito legal.
4	El número 4 es afortunado para el romance y trae suerte literaria en el Período Siete, pero se volverá desfavorable en el Período Ocho. No debe estar demasiado cerca del agua, pues ello puede dar lugar a escándalos.
9	El número 9 es un número intensificador y tiene el poder de aumentar los efectos negativos del 5 y del 2. Hay que temerlo cuando coincide con esos dos números, pero por sí solo es un número muy bueno, que abarca la plenitud del cielo y de la tierra.
7	El número 7 es afortunado en su período, pero se vuelve peligroso y sangriento en el período siguiente, en el que traerá robos en la casa, asalto y accidentes fatales.
1, 6 y 8	Los números 1, 6 y 8 son los más favorables, pero es el 8 el que es el que de verdad tiene los mejores auspicios. La energía del 6 es débil y necesita ser activada.

TRAZAR EL MAPA DE LA SUERTE DE UN PISO

ABAJO Y DERECHA. El gráfico de Estrella Voladora muestra que el sector noreste contiene la estrella de montaña 8, sumamente favorable, y dicho sector corresponde al dormitorio que se indica en el plano (derecha). Al activar esta estrella con un conjunto de cristales aumentará la suerte en las relaciones.

Cuando utilice el feng shui de la fórmula Estrella Voladora para analizar los sectores de pisos, el gráfico a emplear es el que coincida con la dirección de orientación de todo el edificio, y no la entrada del piso. Una vez localizado dicho gráfico, debe superponerlo al plano del piso de acuerdo con las direcciones de la brújula. Esto hace uso de la aplicación del pequeño tai chi (véase la página 45).

Abajo se indica un gráfico Oeste 1 del Período Siete. Tiene tres habitaciones de buenos auspicios: la habitación de la familia que tiene la estrella de agua 8, el dormitorio principal que tiene la estrella de montaña 8, y el cuarto de estar que tiene la combinación de números sumamente afortunada: 1, 6 y 8. Los ocupantes de este piso disfrutarán sin duda de buena suerte, ya que las habitaciones principales son muy favorables. Pero la zona de la entrada principal tiene la estrella de agua 5, y ésta es una aflicción que habrá que superar; es vital colgar unas campanitas de viento metálicas en esta parte del piso. Así, los ocupantes estarán protegidos contra la mala suerte y podrán disfrutar de la buena suerte que les traerá la coincidencia estratégica de estrellas favorables de agua y de montaña.

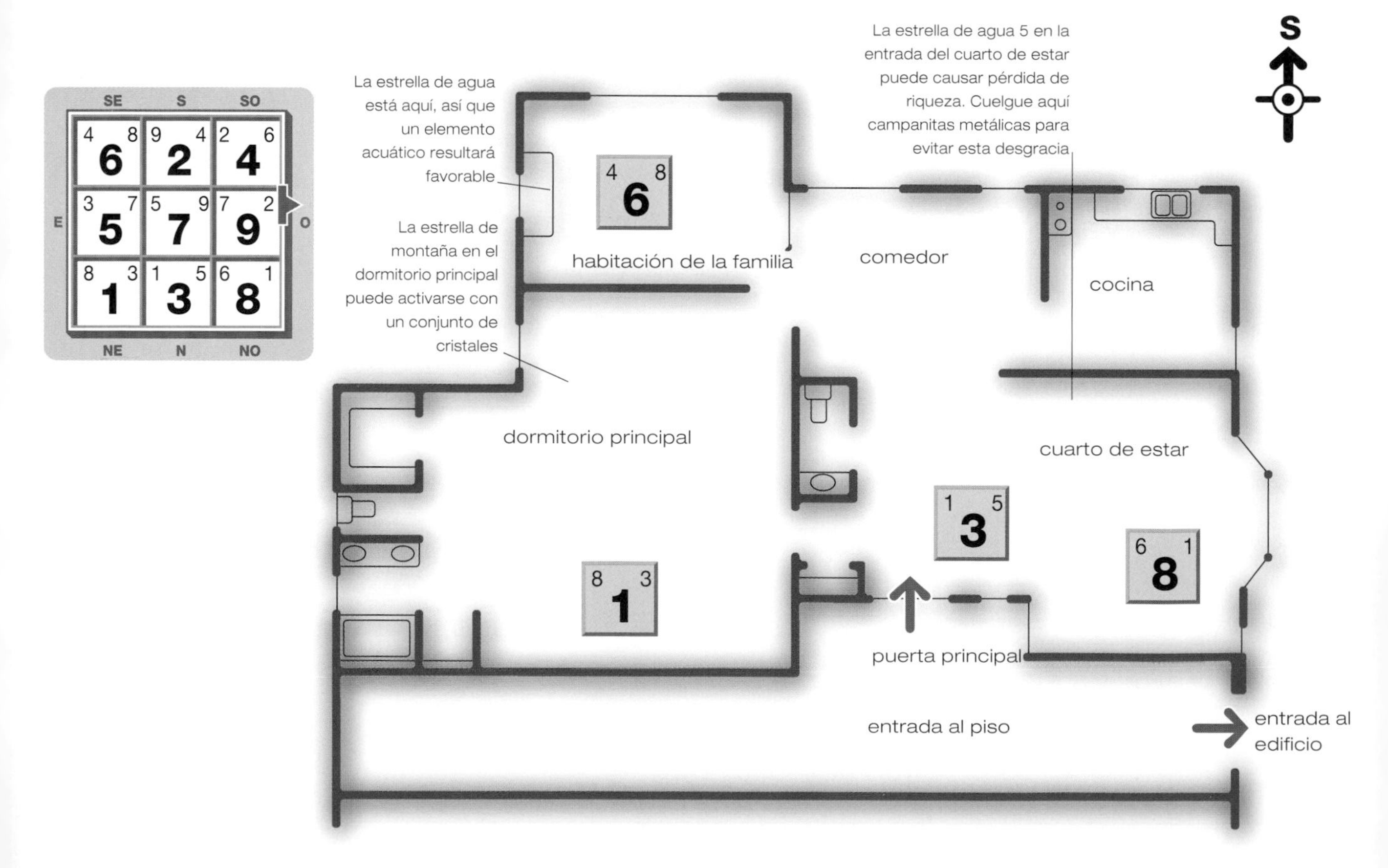

SUPERAR LAS AFLICCIONES

La Estrella Voladora es un método excelente para evitar la mala suerte causada por aflicciones. Las aflicciones se manifiestan en forma de enfermedad, pérdida, fracaso y ruptura de relaciones. Se basan en las fuerzas intangibles del tiempo y ocasionan problemas de salud, y también materiales, físicos y económicos. Los remedios requieren un uso inteligente de la teoría de los cinco elementos. Así, los símbolos que representan agua, fuego, madera, tierra y metal pueden desactivar las combinaciones de números negativos en el método Estrella Voladora, las 7/9, 5/2, 5/9 y 3/2.

El ejemplo ilustrado muestra un gráfico de Estrella Voladora superpuesto al plano de una casa urbana de dos plantas. Se trata de una casa del Período Ocho orientada al norte 2/3. El gráfico revela cuatro sectores afligidos (señalados en rojo). En el este, el dormitorio principal del piso de arriba tiene la combinación de estrella de montaña/agua 5/2 que ocasiona pérdida de riqueza y mala suerte en las relaciones; hay que colgar aquí campanitas de viento.

En la planta de abajo, estos números se encuentran en el garaje, de modo que ahí la aflicción no es grave. Pero en la planta de arriba, en el dormitorio principal, se ha de usar energía de metal para debilitar la combinación 5/2, de lo contrario la pareja sufrirá problemas en su relación y enfermedad.

En el segundo dormitorio vemos la combinación 2/5, que trae enfermedades y pérdida del buen ambiente. Es mejor mudarse a otro dormitorio, como el que tiene el 8 doble. Ésta es una habitación mucho más favorable.

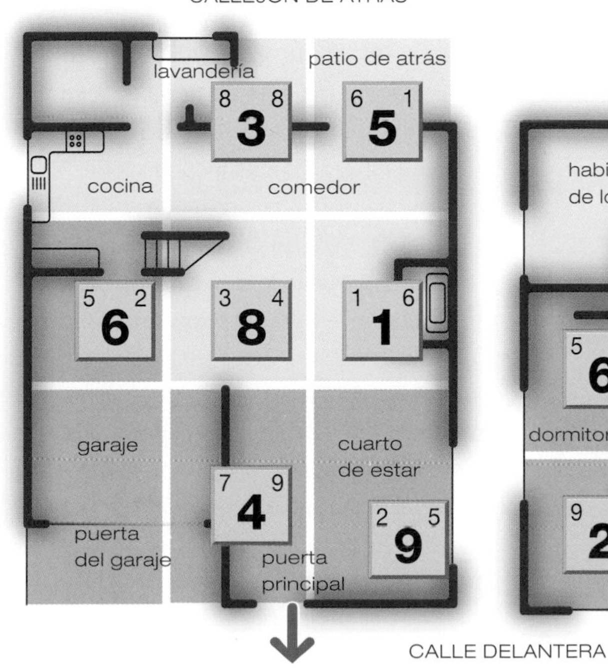

Abajo e izquierda. Dado que los gráficos de Estrella Voladora son excelentes para resaltar la energía afligida en los diversos rincones de la casa, es el mejor método de feng shui para prevenir la mala suerte.

CÓMO SUPERAR LAS ESTRELLAS DE ENFERMEDAD 2 Y 5

Los números 2 y 5 son las dos estrellas de la enfermedad, que pueden ser bastante mortales cuando aparecen juntas. De estos dos números, el 2 trae enfermedad y el 5 trae pérdidas, accidentes y desgracias. El mortal 5 es un número a temer en el feng shui dimensionado en el tiempo. Es importante que al principio de cada año del calendario HSIA (véase la página 37) compruebe dónde se encuentra el 5 anual, o mortal cinco amarillo (véase la página 102).

En 2003 el cinco amarillo está en el sureste, y en 2004 vuela hasta el centro. Si la puerta principal de su casa está situada en una de estas dos direcciones, puede protegerse contra el cinco amarillo en este importante lugar de la casa colgando unas campanitas de viento metálicas de seis varillas. El sonido del metal contra metal es una cura muy potente. Las campanitas de viento se vuelven más potentes todavía cuando tienen seis varillas porque el seis es el número del gran metal. Asimismo, las varillas huecas por lo general son mejores que las macizas, pues ello permite que el chi circule por el interior transformando la energía mala en energía buena.

Las campanitas de viento metálicas también son excelentes para controlar la estrella de enfermedad 2, porque el 2 es un número del elemento tierra. Las campanitas metálicas agotan la energía tierra 2. Si su dormitorio está ocupado por este número (en 2003, el 2 se encuentra en el sector norte), puede poner seis monedas I-Ching metálicas cerca o a un costado de la cama.

Las campanitas de viento deben colgarse en un costado de la habitación, nunca encima de la cama, ya que no conviene dormir debajo de unas campanitas de viento. Tampoco deben colgarse sobre el umbral de una puerta, excepto cuando el cinco amarillo aflige a la puerta principal. Se pueden colgar en el umbral, si bien los maestros de feng shui de Hong Kong opinan que es mejor pegar seis monedas grandes encima de la entrada.

DERECHA. Para superar la estrella 2 de la enfermedad y la estrella 5 de la desgracia, lo mejor es usar unas campanitas de viento metálicas de seis varillas. Aunque las que se muestran aquí tienen seis varillas, el tablón de madera que hay encima no es tan adecuado como si fuera de metal.

CÓMO SOMETER LA ESTRELLA PENDENCIERA

En el feng shui dimensionado en el tiempo, se dice que el número 3 crea energía agresiva. Ésta es la estrella pendenciera que puede dar lugar a malentendidos, hostilidad y, en casos extremos, disputas. Cuando el número 3 aparece doble en un sector (si aparece en el gráfico del trigrama y también en la carta anual), el sector afligido verá un aumento de su energía hostil. Esto suele ser la causa de problemas maritales y discusiones a gritos entre familiares. Cuando el 3 se combina con el 2, las peleas empeoran y pueden dar lugar a separaciones.

Para someter la estrella 3, lo mejor es utilizar remedios silenciosos que agoten la esencia del elemento de este número sin destruir la energía de crecimiento de su intrínseco elemento madera. El color rojo en pequeñas cantidades puede ser muy eficaz. Las luces brillantes serían demasiado fuertes. Una de las mejores curas para la combinación 3/2 son las imágenes del Buda de la Felicidad en rojo y dorado.

IZQUIERDA. Busque un Buda de la Felicidad como el que se muestra aquí, vestido de rojo y con un lingote en la mano para someter al pendenciero número 3.

Las velas que flotan en el agua son un remedio ideal para someter la naturaleza agresiva del número 3. Póngalas en mesas en los sectores afligidos por la estrella 3.

Otra cura excelente sería un cuadro de peces rojos en una pintura metálica. Esto resulta muy eficaz para contrarrestar una combinación 3/2, pues emplea energía de fuego y de metal para someter la naturaleza agresiva de los números.

No ponga objetos móviles tales como ventiladores, equipos estéreo y campanitas de viento en sectores de la casa que se ven afligidos por la estrella 3.

IZQUIERDA. Tres velas flotando en el agua constituyen un remedio adecuado para someter al pendenciero 3, pero es mejor aún el Buda de la Felicidad Riente vestido de rojo.

COMBINACIONES DE ESTRELLAS DE MONTAÑA Y DE AGUA

ESTRELLA DE MONTAÑA	ESTRELLA DE AGUA	RESULTADOS INDICADOS DE ESTA COMBINACIÓN EN LOS PERÍODOS SIETE Y OCHO	INTENSIFICADORES PARA DESENCADENAR LA BUENA SUERTE O SUPRIMIR COMBINACIONES DE MALA SUERTE
1	2	Problemas matrimoniales causados por mujeres dominantes. Un número de agua como estrella de montaña es una señal de peligro similar a una montaña que cae en el agua: una mala señal, sin duda.	Use plantas para agotar la mala estrella de agua y energía de fuego para fortalecer el elemento tierra de la buena estrella de montaña. Aquí lo que se necesita es reforzar las relaciones y protegerse contra las pérdidas.
2	1	La matriarca es demasiado fuerte, lo cual conduce a problemas maritales.	Use metal para agotar la tierra. Campanitas de viento. Ponga aquí un elemento de agua.
1	3	La suerte en la riqueza y en la salud aparece indicada, pero los pleitos y las habladurías pueden ser agravantes.	Use plantas de agua para intensificar y agua quieta para difuminar los malentendidos causados por la estrella de agua afligida.
3	1	Buena suerte en la prosperidad, pero si no tiene la suerte/karma para vivir aquí, cambiará de residencia.	Plante un bosquecillo de bambú enfrente de la casa para reforzar su suerte. Ponga también agua para activar la estrella de agua.
1	4	Suerte en la política. Suerte en los medios y la publicidad. Suerte en los romances para las mujeres.	Use agua de movimiento lento, pero no demasiada. También son buenas las plantas.
4	1	Suerte en los romances, pero un exceso de agua conduce a escándalos sexuales. Las aventuras causan infelicidad y ruptura en la familia. Éxito literario.	Use plantas para fortalecer el elemento tierra de la estrella de montaña y una pequeña cantidad de agua para activar la estrella de agua a fin de tener prosperidad.
1	5	Problemas de salud que tienen que ver con el útero, los riñones y las intoxicaciones alimentarias.	Use campanitas de viento para superar el 5 y agotar la estrella de montaña 1.
5	1	Problemas de audición y enfermedad relacionada con el sexo. Enfermedades de oídos.	Use campanitas de viento para superar estas aflicciones.
1	6	Auspiciosa para el segundo hijo. Habrá éxito escolar e inteligencia combinada con grandes habilidades comerciales.	Intensifique con metal: campanitas de viento, monedas, campanas y otros símbolos favorables.
6	1	Conocida como «suerte del florecimiento de los melocotones». Suerte económica y grandes aportaciones de ingresos en la familia.	Intensifique con metal: campanitas de viento, monedas, campanas y otros símbolos favorables.
1	7	Buena suerte con el dinero sólo en el Período Siete; en el Período Ocho esta combinación significa pérdida de riqueza.	Intensifique con cristales o árbol de gemas. Los mejores son cristales de cuarzo o cristales y luces.
7	1	Suerte sumamente buena en la prosperidad en el Período Siete, pero se vuelve mala en el Período Ocho; peligro de robo en casa.	Use piedras en el Período Siete y un elemento acuático en el Período Ocho.
1	8	Excelente suerte en riqueza y prosperidad en el Período Ocho. Debe activarse.	Intensifique con un elemento de agua para activar la estrella de agua 8.
8	1	Suerte excelente y favorable. Suerte en el dinero y la familia.	Intensifique con piedras y cristales para aumentar la suerte en las relaciones.
1	9	Buena combinación, pero puede volverse mala cuando la estrella anual 5 vuele aquí.	No intensifique. Cuando llegue el 5 como estrella anual use campanitas de viento.
9	1	Cierta buena suerte, pero peligro de problemas cardíacos y enfermedades sexuales. Constante cambio de trabajo.	No perturbe nada, pero cuando llegue el 5 como estrella anual use campanitas de viento.

ESTRELLA DE MONTAÑA	ESTRELLA DE AGUA	RESULTADOS INDICADOS DE ESTA COMBINACIÓN EN LOS PERÍODOS SIETE Y OCHO	INTENSIFICADORES PARA DESENCADENAR LA BUENA SUERTE O SUPRIMIR COMBINACIONES DE MALA SUERTE
2	3	Discusiones y malentendidos de la peor clase. Puñaladas por la espalda, odio, disputas legales.	Use agua quieta para apaciguar los ánimos. No perturbe. Cuando aparezcan estos números, lo mejor es evitar esa habitación.
3	2	Peligrosa para quienes están en política. Problemas con la matriarca. Mujeres afligidas. Lo mejor es evitar la habitación.	Algunos maestros recomiendan oro y fuego. También agua quieta. Una cura excelente es usar peces de acuario pintados sobre papel dorado.
2	4	Esposas y suegras discuten y pelean. Falta de armonía en el amor.	Use agua para superar la estrella de montaña 2 y plantas para intensificar el 4.
4	2	Problemas con órganos internos. El esposo tiene aventuras. Problemas con la suegra.	Use agua para reducir las tensiones.
2	5	Sumamente peligrosa para la salud. Situación de total pérdida económica. Una catástrofe. Combinación muy peligrosa, y cuando vuele aquí el 5 anual, todo el que esté en este sector sufrirá un accidente repentino o desarrollará una enfermedad terminal.	Use campanitas de viento, objetos metálicos móviles como relojes o ventiladores, y monedas. El sonido del metal es poderoso para superar esta combinación. Cuidado: no tenga cerca fuego ni luces brillantes, pues ello puede dar lugar a bancarrota e incluso la muerte.
5	2	Desgracias y muy mala suerte. Las enfermedades pueden ser fatales. Sea muy prudente.	Use campanitas de viento, etc., igual que arriba. Lo mejor es salir de esa habitación.
2	6	Vida fácil y placentera. Esta favorable combinación se destruye si se ponen aquí unas campanitas de viento de cinco varillas.	No estropee la suerte con campanitas de viento; se dice que atraen a los espíritus terrenales. Active la estrella de agua con agua, que también suprime la estrella de montaña 2.
6	2	Gran riqueza y éxito.	Ponga una piedra para fortalecer la estrella de montaña.
2	7	Hay riqueza durante el Período Siete, pero la suerte de los hijos es mala. Problemas para concebir. En el Período Ocho hay muchos problemas. Cuando entre la estrella anual 9, las cosas empeorarán.	Use metal (campanas) en el Período Siete y agua en el Período Ocho. Cuando entre el 9 como estrella anual, ponga una urna grande de agua, o podría declararse un incendio.
7	2	Se disipa la suerte en el dinero. Se atenúa la suerte de los hijos. En el Período Ocho el 7 de montaña trae mucha suerte mala.	Use campanitas de viento para agotar y agua para suprimir la estrella de montaña 7 en el Período Ocho.
2	8	Abundancia y riqueza, pero hay mala salud. Esto puede remediarse. Excelente estrella de agua.	Use agua para superar la estrella de la mala salud y al mismo tiempo activar la estrella de agua 8.
8	2	La estrella de montaña 8 trae suerte en las relaciones. Pero la estrella de agua 2 trae pérdidas.	Use un elemento de montaña para fortalecer la montaña y debilitar el agua.
2	9	Suerte de florecimiento del melocotón para las mujeres. El romance no dura. Nada tendrá éxito a no ser que se ponga remedio.	Use plantas de agua para desactivar la mala estrella de montaña y también equilibrar el efecto de la estrella de agua 9.
9	2	Problemas con los hijos, pero buena suerte en las relaciones.	Es mejor no hacer nada. Use metal para controlar la estrella de agua 2.

ESTRELLA DE MONTAÑA	ESTRELLA DE AGUA	RESULTADOS INDICADOS DE ESTA COMBINACIÓN EN LOS PERÍODOS SIETE Y OCHO	INTENSIFICADORES PARA DESENCADENAR LA BUENA SUERTE O SUPRIMIR COMBINACIONES DE MALA SUERTE
3	4	Peligro de inestabilidad mental. Las mujeres maduras sufren estrés. Robo.	Use luces brillantes para agotar el elemento tierra. Cuidado con los excesos.
4	3	Tensión emocional por problemas en las relaciones. Estrés.	Use el rojo para superar el estrés, pero no llamas desnudas.
3	5	Pérdida de riqueza. Graves problemas de efectivo. Si está aquí el dormitorio, las pérdidas económicas son graves. Si está aquí la cocina, es inevitable la enfermedad.	Agote el 5 con metal, pero no con campanitas de viento ni campanas. Use pinturas de montañas de color cobre. Es mejor no estar en esa parte de la casa.
5	3	Problemas de dinero. Disputas. Mala suerte en los negocios. Mala para los hijos varones.	Use agua quieta (yin) para desactivar la estrella de montaña 5 y controlar la estrella de agua 3.
3	6	Período de crecimiento lento. Problemas en los miembros. Peligro de accidentes.	Use agua quieta (yin).
6	3	Peligro de traición por parte de amigos. Peligro de accidentes de automóvil.	Equilibre con gemas de cristal auténticas.
3	7	Robos o allanamientos de morada. Violencia. No es demasiado mala en el Período Siete, pero se agudiza en el Período Ocho.	Use agua quieta (yin) para vencer el efecto de esta peligrosa combinación. Ponga aquí un Buda Riente para desactivar.
7	3	Grave peligro de lesiones en los miembros. Tenga cuidado. También accidentes de automóvil y robo.	Use agua quieta (yin). Ponga un Buda Riente para desactivar.
3	8	No es buena para niños de menos de doce años.	Use luces brillantes para curar el 3, pero active la estrella de agua 8 con agua.
8	3	Saque de este sector a los niños menores de doce años, o sucederán accidentes.	Active la estrella de montaña 8 con cristal, pared o piedra de gran tamaño.
4	5	Tendencia a enfermedades de transmisión sexual. Cáncer de mama. Mala piel.	Controle el 5 con campanitas de viento y otros metales. Esta combinación es mala.
5	4	Enfermedades de la piel y dolencias graves.	Use agua/montaña y campanitas de viento.
4	6	Mala suerte para mujeres que llevan cargas pesadas. Aborto espontáneo.	Fortalezca el elemento tierra. Use agua para activar la estrella de agua.
6	4	Racha de suerte inesperada para las mujeres de la familia y romances excelentes.	Intensifique con campanitas de viento y cristales. Active con la imagen de un dragón.
4	7	Mala suerte en el amor. Será engañado por el sexo opuesto. Aborto espontáneo.	Use agua yang como remedio para esta combinación. Pinte las paredes de azul.
7	4	Alguien del sexo opuesto lo lleva a dar un paseo. También es engañado.	Use agua yang. Instale luces para remediar el peligro de ser engañado.
4	8	Mala para los niños muy pequeños, pero la estrella de agua 8 aquí trae prosperidad.	Use luces para combatir el efecto en los niños y active la estrella de agua con agua.
8	4	Matriarca dominante. La vida amorosa de la generación más joven sufrirá por los ardides de la madre.	Use fuego o color rojo para vencer. También active la estrella de montaña 8 con piedras o cristales. Active con la imagen de un dragón.
4	9	Época de preparación. Buena para hijos varones, que triunfan en la escuela. Mala para las hijas. Peligro de incendio.	Use plantas. También peces de acuario. Active con globo de cristal e imagen de dragón.
9	4	Buena suerte para quienes inician nuevos negocios. Beneficia a los hijos varones.	Use agua para intensificar. Añada peces de acuario e imagen de dragón.

ESTRELLA DE MONTAÑA	ESTRELLA DE AGUA	RESULTADOS INDICADOS DE ESTA COMBINACIÓN EN LOS PERÍODOS SIETE Y OCHO	INTENSIFICADORES PARA DESENCADENAR LA BUENA SUERTE O SUPRIMIR COMBINACIONES DE MALA SUERTE
5	7	Problemas causados por exceso de chismorreos. Peligro de envenenamiento o algo que tiene que ver con la boca.	Use metal en el Período Siete y agua en el Período Ocho.
7	5	Problemas relacionados con la boca. Discusiones que dan lugar a tensiones emocionales.	Use metal en el Período Siete y agua en el Período Ocho. También use plantas para combatir la estrella de agua 5.
5	8	Problemas con los miembros, articulaciones y huesos del cuerpo. Peligro de parálisis. Es necesario tener cuidado con los deportes violentos. Problemas emocionales. Pero está aquí la estrella de agua 8.	Use agua quieta (yin) para pacificar. La estrella de agua aquí es favorable y debe ser activada. Así que el mejor elemento será uno acuático.
8	5	Existe peligro de parálisis y enfermedad grave. Pero la estrella de montaña 8 aquí es favorable.	Fortalezca la estrella de montaña 8 con cristales naturales grandes, pero también cuelgue campanitas de viento para combatir el cinco amarillo.
5	9	Mala suerte y mal genio. Excesivo desorden mental o estrés. Existe infelicidad e insatisfacción.	Use campanitas de viento para combatir el reforzamiento del cinco amarillo por el 9. Teoría de agua y montaña.
9	5	Muy malas indicaciones de salud y también pérdida de riqueza por el juego. Posibles problemas con los ojos. Personas testarudas.	Use campanitas de viento, ya que son la mejor cura para esta combinación de números. Tenga siempre cuidado con las combinaciones 5/9 y 9/5.
6	7	«Aliento mortal de la lucha con espada.» Un caso de conflicto de metal doble: luchas padre-hija. La hija causa pérdida de prestigio y honor.	Use agua quieta (yin) para controlar. Es importante desactivar la estrella de agua con energía de fuego. Es una buena idea poner aquí luces brillantes.
7	6	Celos y discusiones constantes. Padre e hija tienen discusiones serias.	Use agua quieta (yin) para controlar. Es importante desactivar la estrella de agua con energía de fuego. Es una buena idea poner aquí luces brillantes.
6	8	Riqueza, popularidad, prosperidad. Gran abundancia. Posiblemente la mejor combinación de la técnica de Estrella Voladora. La estrella de agua 8 es la más favorable.	Intensifique con agua y cerciórese de tener una entrada o una ventana en ese sector para invitar a entrar a la prosperidad.
8	6	Una gran combinación, que contiene la promesa de buena suerte en las relaciones, popularidad y reconocimiento.	Intensifique la estrella de montaña con una piedra o escultura grande. Sin duda será muy favorable.
6	9	Fuego a las puertas del cielo. Discusiones y riesgo de incendio. No debe tener aquí la cocina, o habrá un incendio.	Busque un contenedor de boca ancha y llénelo de agua para reducir el peligro de incendio que causa pérdida de riqueza.
9	6	Lo mismo que arriba. Peligro para la familia. El patriarca no debe estar aquí.	El mismo remedio que arriba para reducir el peligro de ensuciar la reputación y la pérdida de popularidad.
7	9	Problemas extremos durante el Período Ocho. Todos los problemas se deben a excesiva vulnerabilidad a las insinuaciones sexuales. Peligro de incendio.	Use agua o tierra (piedras grandes) para aplastar la mala suerte. Será una combinación muy peligrosa cuando entre el Período Ocho.
9	7	Surgen problemas por tendencia extrema a los coqueteos. El fuego es un peligro.	Use agua quieta (yin) para controlar tanto el 7 como el 9, sobre todo durante el Período Ocho.
8	9	Alegría y felicidad. Buena indicación para el matrimonio para quienes estén aquí.	No hay necesidad de activarla más, pero si quiere matrimonio, ponga una imagen de la doble felicidad.
9	8	Excelente indicación de ocasión de felicidad. Excelente para la dicha marital.	No hay necesidad de activarla más.

ACTUALICE SU FENG SHUI CON REGULARIDAD

Para salvaguardar realmente la suerte de su domicilio y protegerse contra las desgracias, actualice cada año su feng shui dimensionado en el tiempo. No resulta un ejercicio difícil una vez que sepa exactamente qué hacer y cómo trasladar las curas y los remedios alrededor de la casa.

Cuando lleve a cabo la actualización anual de su feng shui, hay tres importantes aflicciones anuales que usted debe conocer y tomar medidas para contrarrestar: el mortal cinco amarillo, el Gran Duque Júpiter y los tres asesinos.

El mapa de brújula que se muestra abajo indica las localizaciones de las aflicciones en el año 2006 (del 4 de febrero de 2006 al 3 de febrero de 2007). Para cada año se necesita un mapa nuevo, porque cada año varía la localización de estas tres aflicciones, y la base de dicho cambio difiere según cada una de las aflicciones.

Los maestros del feng shui de Oriente se centran en estas aflicciones cuando realizan actualizaciones anuales para sus clientes, de lo contrario las aflicciones, sobre todo el cinco amarillo, podrían ser lo bastante graves para ocasionar súbitas pérdidas y quiebras en sus negocios. A veces, las aflicciones anuales pueden también ser causa de enfermedades terminales.

Observe que cada una de las tres aflicciones ocupa diferentes ángulos en cuanto a grados: el Gran Duque ocupa sólo 15 grados, el cinco amarillo ocupa 45 grados y los tres asesinos ocupan 90 grados; de modo que también varía su impacto sobre el suelo de casas y edificios.

Existen antídotos para controlar o superar estas aflicciones, y salvaguardias que pueden emplearse según los lugares afligidos. Para asegurarse protección contra su efecto nocivo, lo primero que hay que tener en cuenta es su localización de un año para otro. Lo segundo son los tabúes, es decir, lo que no se debe hacer para no incurrir en la cólera de las aflicciones. El cinco amarillo trae importantes pérdidas económicas y enfermedades fatales, los tres asesinos traen tres tipos de mala suerte asociada con las relaciones, mientras que el Gran Duque trae derrota y fracaso. Conocer estas aflicciones le ayudará a eludir sus perniciosos efectos.

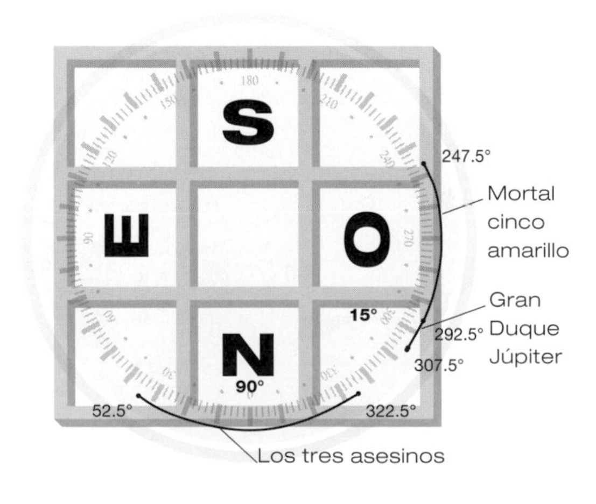

DERECHA. Este gráfico muestra la localización de las tres aflicciones en 2006. Observe que el mortal cinco amarillo ocupa el oeste de cualquier edificio.

NO OFENDA JAMÁS AL GRAN DUQUE JÚPITER

El Gran Duque Júpiter (también conocido como el tai shui) afecta a 15 grados de espacio que corresponde a la dirección del signo animal de ese año. Así, en 2003 vuela al suroeste, que es la dirección que corresponde a la Cabra, y todos los tabúes respecto del Gran Duque tienen que ver con la dirección suroeste.

En primer lugar, nadie debe sentarse mirando de frente al suroeste, aunque esa dirección sea muy afortunada para usted según la fórmula Kua, ya que esto se interpreta como un reto al Gran Duque. Cuando se enfrente al Gran Duque, perderá, será derrotado y enfermará. En vez de eso, debe sentarse con el Gran Duque detrás de usted; de este modo recibirá apoyo. De manera que en 2003, al sentarse con el suroeste a la espalda y por lo tanto mirando de frente al noreste, se verá reforzado en todo lo que haga, porque contará con el apoyo del Dios del Año, como se suele llamar al Gran Duque.

En segundo lugar, no debe perturbar la paz y la quietud del palacio del Gran Duque. Esto quiere decir que en 2003 no debe poner música fuerte ni pelearse en el suroeste; ni tampoco debe acometer renovaciones, utilizar explosivos, ni realizar obras de excavación o demolición en ese lugar. Si lo hace, el resultado serán pérdidas, mala suerte y enfermedad. Este vital tabú ha de tenerlo en cuenta si piensa hacer reformas concretas en el hogar, y cada año deberá tomar nota de las zonas de la casa en las que no debe llevar a cabo ninguna reforma.

En 2004 el Gran Duque ocupará la dirección del Mono, que es el suroeste, y en 2005 ocupará la del Gallo, que es el oeste. Una vez que sepa dónde encontrar al Gran Duque cada año, resulta bastante fácil observar los tabúes que se asocian con él.

Observe también que los nacidos en el año de animal directamente opuesto al animal regente se dice que están en conflicto directo con el Gran Duque. De modo que en 2003 estarán en conflicto las personas nacidas en el año del Buey, ya que el Buey es el opuesto a la Cabra. Para curar esta aflicción, ponga una imagen del Pi Yao, un animal celestial que ofrece protección, en el lugar del Gran Duque.

ABAJO. Este gráfico muestra cómo encontrar la localización del Gran Duque cada año. Su posición son los 15 grados de espacio que corresponden al animal de ese año.

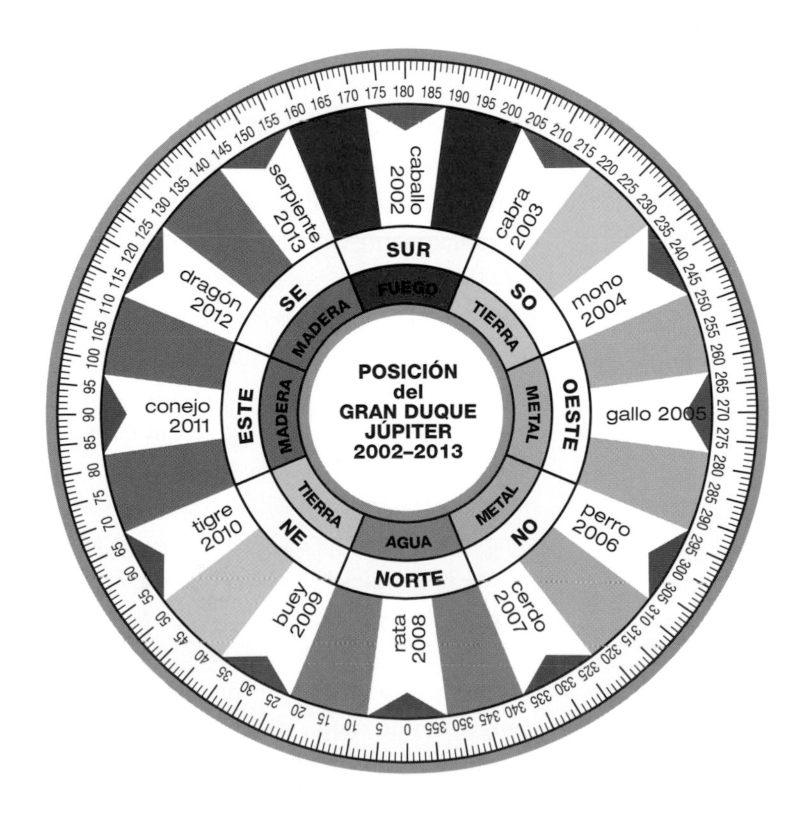

CUÍDESE DEL MORTAL CINCO AMARILLO

El cinco amarillo es la más mortal de las tres aflicciones anuales, sobre todo en los años en que vuela hasta sectores de elemento tierra y fuego, como en 1999 cuando voló al sur, un sector de elemento fuego, y en 2001 cuando voló al suroeste, sector de elemento tierra. En estos dos sectores, la presencia malvada del cinco amarillo, que es una aflicción de elemento tierra, se vio reforzada y trajo graves enfermedades, pérdidas financieras y obstáculos para el éxito.

El cinco amarillo es más mortal que nunca cuando aflige a la puerta principal o al dormitorio. En 2001, cuando el cinco amarillo voló hasta el suroeste, se vieron afligidos tanto la puerta principal de mi casa como mi dormitorio. En diciembre de ese año descubrí que tenía varios problemas de salud; cuando examiné mi feng shui me di cuenta de que había colgado seis campanitas de viento en la puerta, pero que me había olvidado de que mi dormitorio también se encontraba al suroeste. No perdí ni un segundo en poner allí rápidamente campanitas de viento.

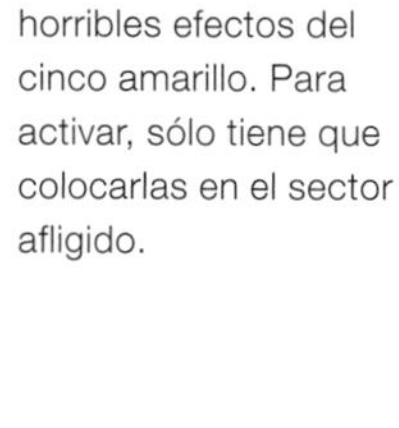

ARRIBA. Las monedas metálicas son excelentes para contrarrestar los horribles efectos del cinco amarillo. Para activar, sólo tiene que colocarlas en el sector afligido.

No se tome a la ligera los efectos nocivos del cinco amarillo; cuando le ataque, puede ser mortal. Procure no ocupar nunca las habitaciones afligidas por el cinco amarillo, pero si no puede evitarlo, asegúrese de emplear remedios para vencer sus efectos. Tampoco debe hacer reformas en la casa si el cinco amarillo se encuentra en la puerta de entrada, y desde luego no debe excavar ni demoler ninguna parte de la casa que esté afectada.

La mejor manera de contrarrestar los efectos nocivos del cinco amarillo es colgar campanitas de viento metálicas de seis varillas, ya que el sonido del metal contra metal agota el chi de tierra del cinco amarillo. Los maestros de feng shui siempre recomiendan usar el ciclo agotador de los cinco elementos en vez del ciclo destructivo para controlar la aflicción del cinco amarillo. Las campanitas de viento son un antídoto excelente, porque se sirven del poder de los vientos, pero también puede usted colocar seis monedas de metal sobre la puerta, o seis a cada lado de la misma, para agotar el poder del cinco amarillo. No obstante, en 2003 el cinco amarillo está en el sureste, el lugar del elemento madera. Usar la tradicional cura de las campanitas metálicas puede destruir el elemento madera intrínseco del sector sureste, de modo que utilice unas campanitas sólo si percibe la aflicción con mucha fuerza, como cuando se ve afectada la puerta principal de la casa; si no es así, deje que el chi de madera controle el cinco amarillo por sí solo y no perturbe ese rincón nunca.

Cuando se da el cinco amarillo en una casa o edificio, es importante mantener las luces atenuadas en ese lugar. Esto se debe a que el chi de fuego refuerza su energía de tierra, lo cual lo vuelve más mortal todavía.

POSICIÓN DEL MORTAL CINCO AMARILLO 2002-2012	
2003	SURESTE
2004	CENTRO
2005	NOROESTE
2006	OESTE
2007	NORESTE
2008	SUR
2009	NORTE
2010	SUROESTE
2011	ESTE
2012	SURESTE

CÓMO VENCER LOS TRES ASESINOS

La última de las aflicciones anuales es la de los tres asesinos, conocida en chino como el sarm saat, que trae tres tipos de mala suerte para las relaciones. A diferencia del Gran Duque Júpiter, al que nunca hay que enfrentarse, a los tres asesinos hay que enfrentarse siempre, de cabeza. Esto quiere decir que si ocupan el norte, usted tendrá que mirar hacia el norte, pues tenerlos detrás es como pedir que lo apuñalen por la espalda. Reorganice la disposición de los muebles siempre al principio del año, para no encontrarse con los tres asesinos detrás de usted sin darse cuenta.

Cuando haga planes de renovar o reformar la casa, cerciórese bien de no hacer obras en sectores ocupados por los tres asesinos; éste es un tabú problemático que observar, puesto que ocupan una parte muy grande de la casa (90 grados de la brújula). Esto se debe a que los tres asesinos sólo vuelan hacia los puntos cardinales y nunca hacia las direcciones secundarias.

En los años del Buey, el Gallo y la Serpiente, los tres asesinos ocupan el este. En este caso la cura consiste en poner una luz brillante en la habitación, o colgar unas campanitas de viento metálicas.

En los años del Cerdo, el Conejo y la Cabra ocupan el oeste. El remedio consiste en poner en ese rincón agua abierta o una luz brillante.

En los años del Mono, la Rata y el Dragón ocupan el sur. La cura es utilizar cristales o poner agua abierta en ese rincón.

En los años del Perro, el Caballo y el Tigre ocupan el norte. El remedio es poner una planta fuerte o usar la fuerte energía tierra del cristal.

Así pues, la forma de vencer a los tres asesinos depende de la dirección de la brújula que ocupen. Los remedios se basan siempre en el ciclo agotador de los cinco elementos. Si observa las curas que se sugieren para cada uno de los cuatro puntos cardinales en los que residen los tres asesinos, verá que los símbolos empleados para vencer el chi asesino de esta aflicción anual agotará la energía del elemento de dicha dirección. Ésta es una de las razones por las que yo hago tanto énfasis en conocer la teoría de los cinco elementos. Usted no necesita usar los remedios que yo sugiero, pues una vez que comprenda en qué se basan mis recomendaciones podrá utilizar símbolos que le resulten más agradables.

IZQUIERDA. Una planta verde agotaría la energía de agua del sector norte, y por lo tanto mantendría bajo control a los tres asesinos cuando éstos ocupen dicho sector.

EJEMPLOS DE CASAS DEL PERÍODO SIETE

Use los ejemplos que se ofrecen para aprender a analizar los números de los gráficos de Estrella Voladora, y saber cuáles son las habitaciones favorables o las afligidas.

CASA ORIENTADA HACIA EL SUR

Un edificio orientado hacia el sur 1 disfruta del 7 doble en la parte frontal, y si la puerta de entrada también se hallara en ese sector, sería algo muy favorable. El número de tiempo es 2, y no es lo bastante fuerte para anular el favorable 7 doble. La estrella de agua 8 se encuentra en el noreste; un elemento acuático en el noreste del cuarto de estar activará la afortunada estrella de agua. La estrella de montaña 8 está en el norte, en la parte de atrás de la casa; si hubiera un terreno más elevado sería de lo más favorable.

Para un edificio orientado al sur 2/3, las estrellas de agua y de montaña de la cuadrícula cambian de sitio, de forma que ahora el sector del 7 doble está en la casilla norte. Así que el dormitorio principal tiene una suerte excelente. La estrella de agua 8 ha pasado al frente en el suroeste, así que poner alguna característica de agua aquí trae prosperidad. La estrella de montaña 8 también ha pasado a la parte delantera y ahora se encuentra en la casilla sur, así que sería favorable ponerle piedras y cantos rodados. Las habitaciones del este y el noreste tienen las combinaciones 5/9 y 9/5, que traen mala suerte y necesitan controlarse con campanitas de viento. Desactive el 3/2 del centro con agua yin.

ABAJO. Los edificios orientados hacia el sur 1 o el sur 2/3 tienen algunos sectores excelentes, que disfrutan del favorable 7 doble, así como el 6/8 y el 8/6. Al variar en 15 grados la dirección de orientación, podrá cambiar su casa de una sur 1 a una sur 2/3 y viceversa. Esto tiene el efecto de trasladar el afortunado 7 doble de la parte de delante a la de atrás.

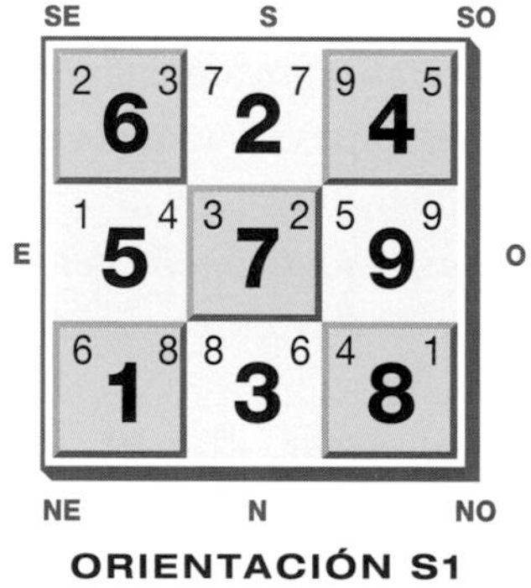

ORIENTACIÓN S1

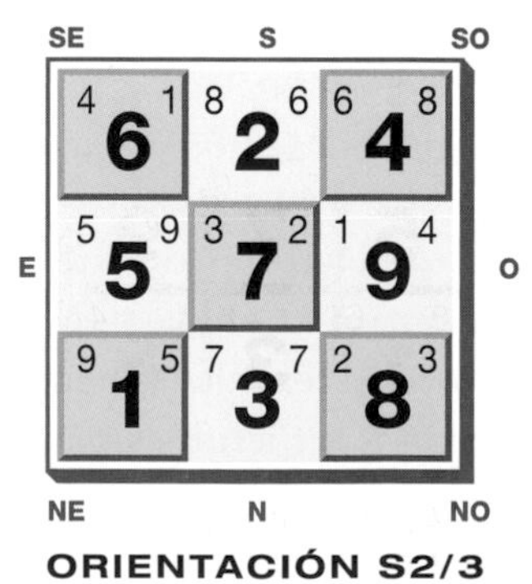

ORIENTACIÓN S2/3

CASA SEMIINDEPENDIENTE ORIENTADA AL NORTE

He aquí un ejemplo de una casa semiindependiente orientada al norte que fue construida en 1999, lo que la convierte en una casa del Período Siete. Si usted vive en una casa semiindependiente que se construyó entre 1984 y 2004, y su vivienda da al norte, uno de estos gráficos será el gráfico de Estrella Voladora de su casa. Tome la dirección de la brújula y consulte la tabla de la página 86 para establecer si le corresponde el norte 1 o el norte 2/3. Para este ejemplo, supondremos que la casa está orientada hacia la dirección norte 1. Para hacer más fácil el análisis, he dado la vuelta al gráfico de modo que el norte quede de frente a la misma dirección que el plano. A continuación, observe los números de las casillas y superpóngalos al plano. Eso le dirá qué parte de la casa es afortunada y qué parte es desafortunada. Consulte la tabla para obtener los significados de los números de las estrellas de agua y de montaña.

En este ejemplo, la puerta de entrada es muy afortunada porque tiene la estrella de montaña 8. Si pone aquí un cristal activará la afortunada estrella de montaña. A continuación puede ver que la estrella de agua 8 también se encuentra en el cuarto de estar, de modo que un elemento acuático traería prosperidad a la familia. Por desgracia, la combinación 2/3, que ocasiona peleas, es donde se encuentra la mesa del comedor, de manera que se requiere como remedio poner un Buda Riente pintado de rojo y oro.

ABAJO. Estos gráficos de Estrella Voladora son para casas con orientación al norte. El análisis emplea el gráfico de orientación norte 1.

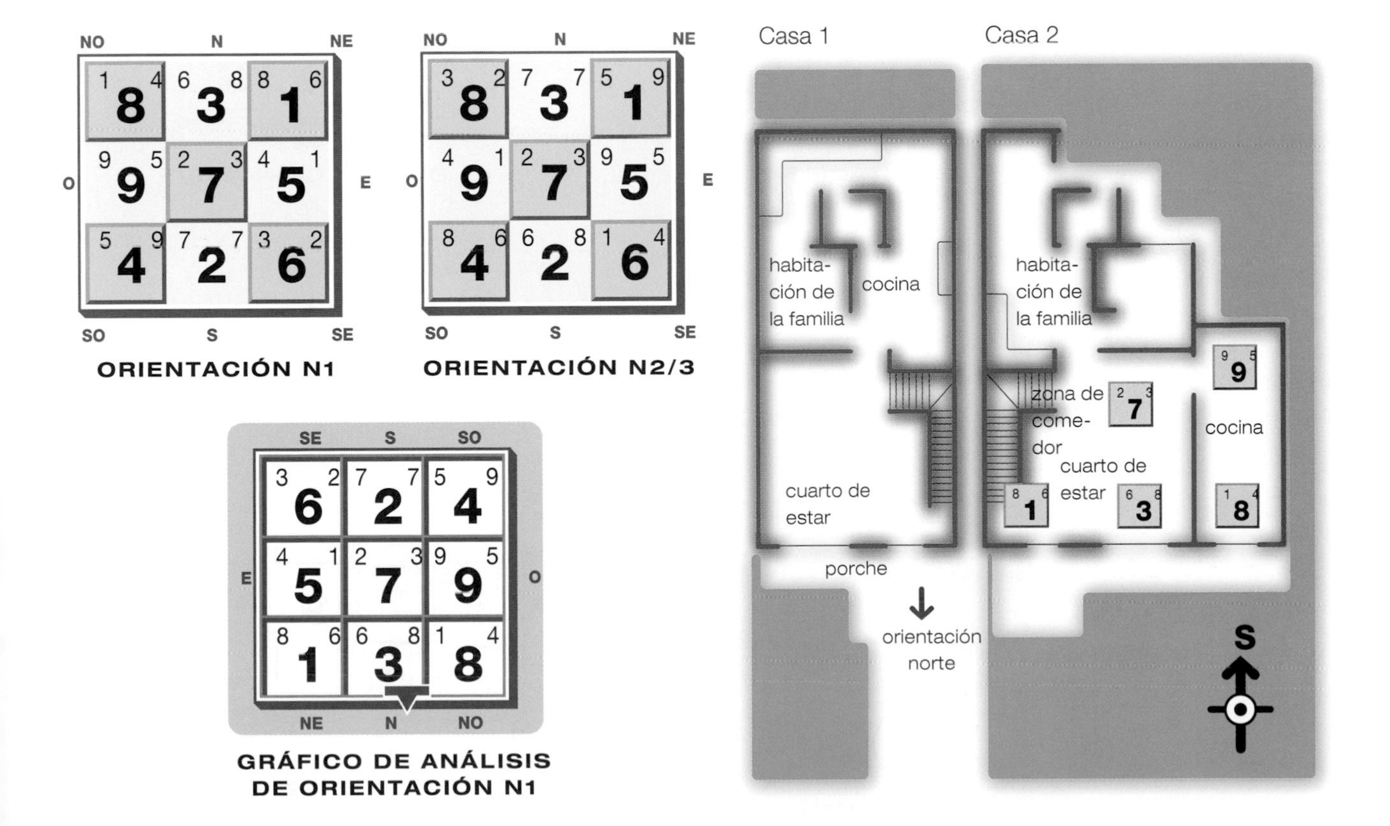

CASA EN FORMA DE L ORIENTADA AL NORESTE

He aquí una casa en forma de L que da al noreste 1. Sin embargo, como tiene forma de L, falta una esquina que ocupa dos secciones. En una situación así, los números que caen fuera de la casa no afectan a los interiores; la estrella de montaña 8 queda fuera de la casa y por lo tanto se desperdician estos dos números tan favorables. No obstante, todavía hay números buenos en el interior de la vivienda; por ejemplo es excelente el 7 doble en la zona del comedor, cerca de la cocina, aunque no se aprovecha al máximo su potencial. Además, el 7 doble se vuelve peligroso en el Período Ocho.

El 9/5 en el cuarto de estar requiere que hagamos algo al respecto. Ponga aquí unas campanitas de viento metálicas para controlar esta combinación. En el garaje, la pendenciera 2/3 no perjudica mucho. La estrella de agua 8 situada en el interior del dormitorio es muy favorable, pero no puede activarse con agua porque el agua en el dormitorio ocasiona pérdidas.

DERECHA. Fíjese bien en que la estrella de montaña 8 está fuera de la casa, de modo que si levanta aquí un pequeño muro de hormigón le resultará muy beneficioso. Si no lo hace, la estrella de montaña favorable se desperdiciará. Observe también que la estrella de agua 8 está en el dormitorio principal. No la active con agua, ya que el agua en el dormitorio es un importante tabú en feng shui

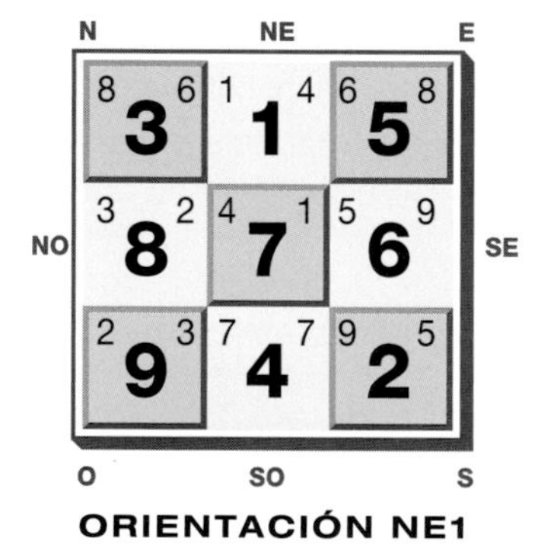

ORIENTACIÓN NE1

ORIENTACIÓN NE2/3

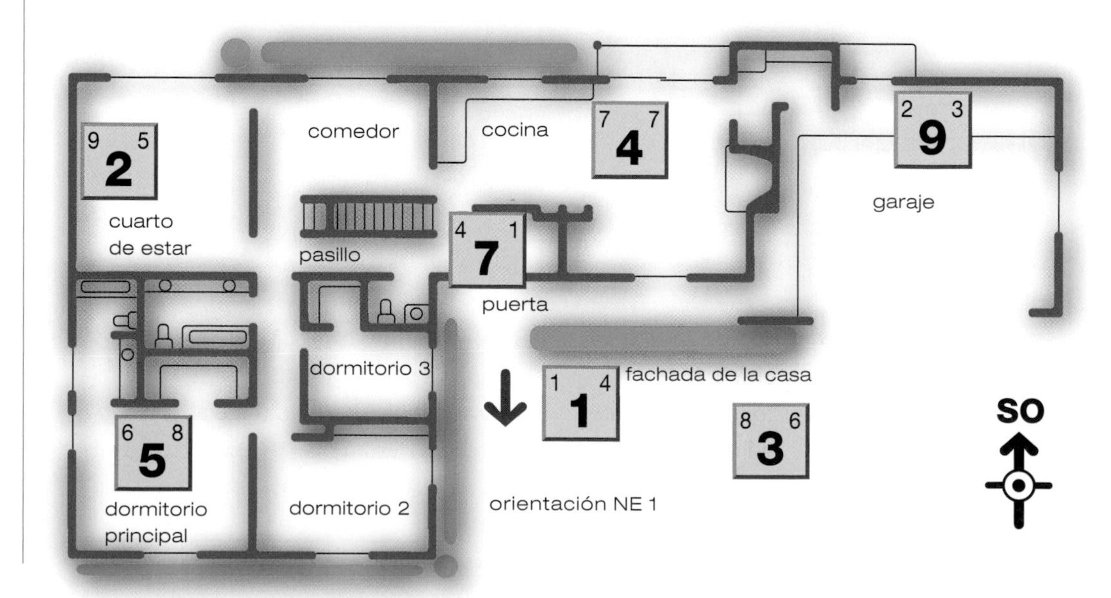

CASA ORIENTADA AL SUROESTE

Los edificios del Período Siete que actualmente están orientados hacia una de las tres direcciones suroeste, suroeste 1, 2 o 3, se habrán beneficiado del 7 doble, así como las combinaciones 6/8 y 8/6, que se muestran en orientación suroeste.

Quienes se dedican a actividades literarias se han beneficiado de la combinación 4/1, que en una casa suroeste 1 se encuentra en la casilla noreste, y en una casa suroeste 2 o 3 se encuentra en la parte delantera, en el sector suroeste propiamente dicho. Esto se muestra en el ejemplo (derecha). Observe también cómo el estanque se aprovecha de la estrella de agua 8. La estrella de montaña 8 que se muestra en el este se verá energizada con una pintura de una montaña. Mientras tanto, la pendenciera combinación 3/2 se remedia con agua yin, y la 5/9 con campanitas de viento.

Observe que las casas orientadas al suroeste 2 o suroeste 3 tienen los números cambiados respecto de las casas con orientación suroeste 1.

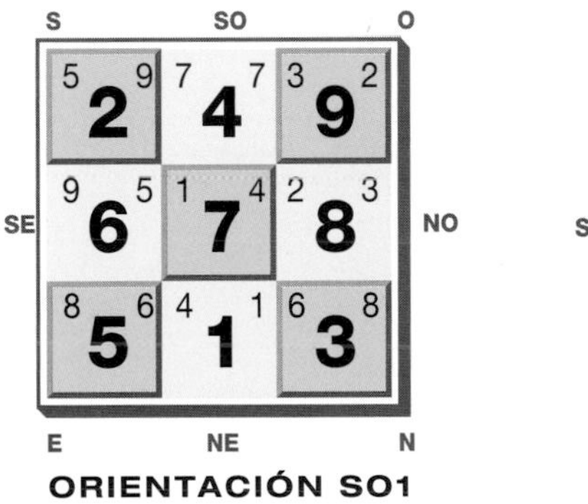

ORIENTACIÓN SO1

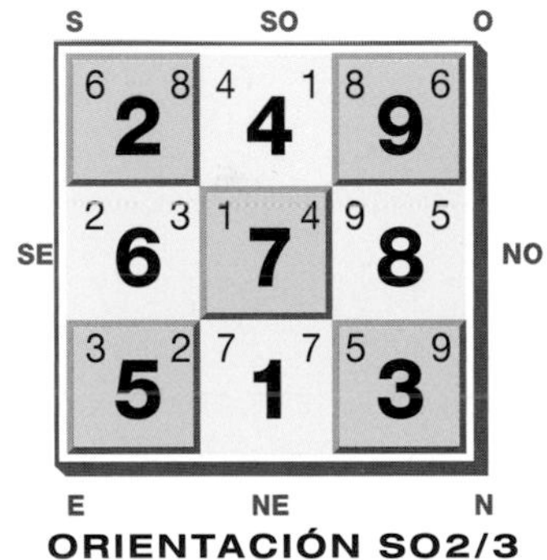

ORIENTACIÓN SO2/3

ARRIBA. Observe que la estrella de agua 8 está en el norte. Poner agua aquí resulta enormemente beneficioso.

Casas suroeste en el Período Ocho

He estudiado los gráficos del Período Ocho, y existen ciertos aspectos verdaderamente favorables que se dice que traerán gran fortuna durante los veinte años que van del 2004 al 2024. Son, sobre todo, casas que se orientan o se sientan a lo largo del eje suroeste/noreste. Para los ocupantes que saben cómo activar su buen chi, la buena suerte se multiplicará, sobre todo si hay agua enfrente. Así que si su casa está orientada hacia una de estas direcciones, le beneficiará cambiar su hogar al Período Ocho. También es importante que las casas orientadas o sentadas en estas direcciones cambien al Período Ocho porque, junto con las viviendas orientadas al sur y al norte, se han beneficiado durante los últimos veinte años del afortunado número 7, que en el Período Ocho se vuelve desafortunado.

El cambio del Período Siete al Período Ocho en febrero de 2004 tendrá un gran efecto, no sólo en las casas construidas o renovadas en el Período Siete, sino en todas las casas, ya que perderán su chi.

CURAS PARA AFLICCIONES DAÑINAS

El feng shui de Estrella Voladora consiste en colocar curas para ahuyentar las desgracias identificadas por los números de aflicción, que quizá deban necesitan actualizarse cada año.

Algunas combinaciones de números (del número de trigrama de ese sector y el número anual o mensual) pueden ser muy dañinas. Los ocupantes afectados por dichas combinaciones sentirán los efectos negativos en el mes y año concreto en que aparezcan esas combinaciones.

Usando el método de la cuadrícula (véase la página 46) para demarcar los sectores de la casa, ponga las curas que se sugieren dentro de los sectores afectados por estos números. Por lo general, si estos números de energía negativa están cerca de la puerta de entrada o en el dormitorio, la habitación de la familia o el comedor, sus efectos nocivos se sentirán con mayor intensidad. Si se encuentran en cuartos de baño y despensas, están «aprisionados», de modo que no pueden causar mucho daño. Sin embargo, si están localizados en la cocina, la 5/2, 5/9 y 2/9 se verán intensificadas por su energía de fuego. Basta colocar una urna de agua quieta en la cocina para vencer los efectos nocivos.

CÓMO CURAR EL CHI NEGATIVO	
2/5 y 5/2	Use campanitas de viento metálicas para superar esta mortal combinación. Puede que necesite colgar al menos seis campanitas, o utilizar seis monedas grandes. No tenga aquí energía de fuego (es decir, luces brillantes o el color rojo o un fuego).
5/5 y 2/2	Estas dos combinaciones son muy críticas, y el 5 doble siempre indica peligro extremo, mientras que el 2 doble señala enfermedad fatal. Una vez más, una potente cura será utilizar campanitas de viento de seis varillas. Pintar la habitación afligida de blanco es otra manera excelente de agotar los números dañinos. También puede emplear campanas metálicas y cuencos cantarines de siete metales.
5/3 y 3/5	Estas combinaciones causan pérdidas en las finanzas que conducen a graves problemas de efectivo. Es importante agotar el 5 con energía de metal, pero dicho metal debe ser silencioso, así que no se pueden usar las campanitas de viento. En lugar de eso, emplee una pintura de una montaña de cobre. Aquí es un remedio excelente el metal yin.
3/9 y 9/3	Las disputas legales dan un giro a peor. La mejor cura para esto es el agua quieta.
2/7 y 7/2	Estas combinaciones no son malas en el Período Siete, pero en el Período Ocho son mortales. Resultan especialmente perjudiciales para los niños. Una excelente cura es la de poner un gallo de porcelana blanca. También dicen que una espada de monedas es un potente remedio.
5/9 y 9/5	Hay que temer estas combinaciones, porque el 9 amplifica los efectos nocivos del 5, así que habrá mala suerte todo el tiempo, con peligro para los ojos y los miembros del cuerpo. El mejor remedio contra esta combinación consiste en usar campanitas de viento metálicas para silenciar el 5. También puede ser eficaz una pintura en colores rojo y dorado.
2/3 y 3/2	Éstas son las combinaciones pendencieras. Causan puñaladas por la espalda y disputas legales que estallan, son una indicación muy fastidiosa. Use agua quieta para apaciguar los ánimos. También es excelente una llama roja silenciosa.
2/4 y 4/2	Estas combinaciones indican problemas con parientes políticos. Use agua en una urna para reducir sus efectos negativos.

INTENSIFICAR CON SÍMBOLOS

El feng shui de Estrella Voladora también trata de identificar las habitaciones con números favorables y de intensificar su chi activándolos, por ejemplo con imágenes simbólicas.

Del mismo modo que las estrellas negativas pueden remediarse y conseguir que sus efectos se difuminen en cierta medida, el feng shui también recomienda el uso de intensificadores simbólicos que pueden activar los efectos positivos de los números buenos de ciertas zonas y habitaciones de su hogar.

En los viejos tiempos, el método clásico de explicar el feng shui de Estrella Voladora se hacía complicado casi a propósito, con el uso de términos especiales en idioma chino para referirse a las combinaciones de números y también a las direcciones y los años. Todas las direcciones y los años tenían nombres especiales, y a no ser que uno se los hubiera aprendido de memoria, era realmente confuso seguir las explicaciones que se daban en los textos. Pero cuando descubrí el código secreto de los nombres, se volvió realmente fácil. La razón es que los principios del feng shui son muy lógicos y científicos.

Utilizar símbolos para intensificar la buena suerte es una técnica de un poder asombroso. Tal vez tenga algo que ver con las vibraciones de la energía que rodea dichos símbolos. A lo mejor, cuando se colocan de modo estratégico según la distribución de la suerte en los diferentes sectores de la casa se vuelven más eficaces. Pruebe a poner los símbolos en diferentes rincones de las habitaciones para activar los números buenos, y mejorar su suerte.

ARRIBA. Los dormitorios que disfrutan de la presencia de la estrella de agua 8 no deben utilizar elementos acuáticos. En lugar de eso, resulta excelente poner un edredón de color azul.

CÓMO ATRAER LA SUERTE	
1/1	Use elementos acuáticos para intensificar los rincones de su casa que tengan esta combinación de números. Existen bolas de cristal con agua de muchas formas, y son muy favorables. Pero nunca ponga agua en los dormitorios.
6/6	Use intensificadores metálicos tales como un barco de vela chapado en oro, un jarrón de plata o algo hecho de metal. El número 6 es poderoso y no requiere intensificadores, pero un puerto entero de barcos dorados aporta muchas fuentes de ingresos.
8/8	El número 8 es un número muy favorable que no necesita intensificadores, pero colocar ocho bolas de cristal cuando aparece el 8 trae muy buena suerte, armonía y paz. Como alternativa, puede poner ocho obeliscos de cristal para atraer el poder.

FENG SHUI EN ACCIÓN

Ahora que ha aprendido todas las diversas fórmulas del feng shui y que sabe usar los gráficos del Trigrama de la Casa y de Estrella Voladora, ya puede llevar todo ello a la práctica para que le ayude a planificar su vida y aumentar su suerte. Este capítulo está lleno de ideas para guiarle, pero con sólo utilizar los principios yin y yang para cerciorarse de que haya suficiente energía yang en su casa, y con aplicar los principios de los cinco elementos para asegurarse de que haya equilibrio, generará muchas ideas propias.

La práctica del feng shui nunca es una actividad estática, sino una práctica maravillosamente dinámica centrada en mantener en movimiento el flujo de energía chi. Usted puede valerse de los principios de los cinco elementos para escoger colores, formas y el arte que cuelga en las paredes; puede usar dichos principios para elegir entre materiales de metal, madera o piedra. Puede seleccionar objetos decorativos favorables que simbolicen diferentes tipos de suerte, y puede servirse de los secretos del feng shui de Estrella Voladora para aprovechar las muy potentes e intangibles fuerzas del chi.

Si bien no hay gran cosa que usted pueda hacer para cambiar la alineación de montañas, edificios y el entorno externo respecto de su hogar, el feng shui que aplica al diseño de los interiores es un feng shui que sin duda alguna está bajo su control. Éste es el feng shui práctico, el bueno de verdad.

LA PUERTA PRINCIPAL

Uno de los elementos más potentes de feng shui a tener en cuenta en toda vivienda es una puerta de entrada personalizada, cuya posición y dirección de orientación sea personalmente favorable para la persona que trae el sustento a casa.

DERECHA. Después de seleccionar la orientación de la puerta principal lo siguiente es usar el color para intensificarla. Emplee el rojo para puertas situadas en el suroeste, noreste y sur. Emplee el negro para las puertas que dan al este, al sureste y al norte. Use el blanco para las que dan al noroeste, el oeste y el norte.

La decisión de a quién corresponde el número Kua que determinará la dirección y localización de la puerta principal le compete a usted, pero su decisión afectará a todos los ocupantes de la casa, pues define la dirección de orientación de la casa entera y la distribución del chi por toda la vivienda.

En feng shui siempre hay decisiones que tomar en cuanto a qué dirección utilizar como dirección de orientación y luego qué gráfico seguir.

Personalice la puerta principal

La situación ideal es personalizar la puerta de entrada. Al escoger la dirección de orientación de la misma, usted afecta a la dirección de orientación de la casa, y a partir de ahí puede diseñar el resto de la casa basándose en la carta natal que ha creado. Ésta constituye la esencia de una buena práctica del feng shui en espacios interiores.

Sitúese frente a sus direcciones de la buena suerte

Si no puede personalizar su puerta, use una puerta de entrada a la casa que esté orientada hacia una de sus cuatro direcciones buenas. Ello le traerá buena suerte al entrar en casa. No tiene por qué ser la puerta principal. Debe procurar no usar una puerta que dé a una de sus cuatro direcciones malas (si puede evitarlo), ya que eso le traerá mala suerte y pérdidas al entrar en la vivienda. Aun cuando esto suponga tener que usar una puerta lateral o la puerta de atrás, debe observar siempre este consejo. Si usted vive en un bloque de pisos, busque un modo de entrar en el edificio usando una puerta que le traiga buena fortuna.

La puerta principal debe tener tejado

La puerta principal debe estar protegida, aunque sólo sea simbólicamente. Esto sugiere un pequeño tejado por encima de ella. Si usted se fija en la arquitectura de las casas antiguas y de los interiores de los palacios de la Ciudad Prohibida, verá que todas las entradas principales cuentan con este elemento protector. Si su puerta no tiene un tejado protector, mire de construir una marquesina.

La puerta principal debe ser de madera maciza

Lo ideal sería que las puertas de entrada estuvieran hechas de madera maciza con guarniciones metálicas. Cuanto más fuerte sea la puerta, mejor será para proteger la casa. Las puertas de cristal ofrecen escasa protección. Son excelentes las decoraciones en oro o latón, pues pueden afinar con mayor precisión el chi de la dirección de la puerta. Usted descubrirá que la presencia de remaches metálicos o los aldabones en forma de león pueden cambiar la dirección de cualquier lectura de la brújula en varios grados, una manera muy eficaz de ajustar el chi de la dirección junto a la puerta.

La puerta principal debe abrirse hacia dentro

Cuando la puerta de entrada se abre hacia dentro, se da la bienvenida al chi al interior de la vivienda. Esto crea un flujo positivo del chi a la entrada de la casa. Si las puertas de su casa se abren hacia fuera, esto es fácil de arreglar. No es buena idea tener puertas correderas en la entrada principal. Si pone un felpudo en la entrada, cerciórese de que quede fuera, y nunca ponga su nombre en él; no querrá que nadie le pise, ¿no?

ARRIBA. El uso de un aldabón con cara de león crea un excelente chi protector para la puerta principal.

UN BUEN FLUJO DE CHI

El primer principio a tener en cuenta a la hora de diseñar los interiores de su casa es vigilar cómo circula por dentro de la misma la energía invisible.

Éste es el famoso concepto del flujo del chi que en general determina si su hogar es equilibrado y armonioso o no. Es la manera en que, de forma subconsciente, dirigimos el tráfico humano dentro de la casa. Tiene que ver con la distribución del mobiliario en el interior de las habitaciones, de forma que no bloquee el flujo del chi, y con la naturalidad con que se crean pasillos que dirijan a las personas de una parte de la casa a otra.

El flujo del chi en toda vivienda es favorable cuando circula despacio y trazando curvas. Cuando circula en línea recta, esa zona o pasillo siempre ha de ser lo bastante grande para que el chi aminore la velocidad. Colgar un cuadro o un espejo en las paredes de los lados aumenta el flujo del chi. También se puede ralentizar el flujo del chi con una distribución inteligente de los muebles. No cause un potencial bloqueo del flujo del chi.

CONSEJOS PARA MEJORAR EL CHI DE SU HOGAR

- Busque un flujo que vaya describiendo curvas, mejor que uno en línea recta.
- No tenga puertas colocadas en línea recta, pues eso es causa de un flujo recto y venenoso.
- Procure que los lugares por donde circula el chi sean espaciosos en lugar de estrechos.
- Deje que entre libremente el chi del exterior de la casa. Abra las ventanas.
- Despeje la trayectoria del chi de objetos desagradables de ver; tire las plantas moribundas a la basura.
- No permita que la energía se estanque en rincones, despensas o armarios, o de lo contrario esas zonas sucumbirán a la formación de un espíritu yin. Ponga una luz brillante para contrarrestar con energía yang.
- Procure que la energía circule en diagonal por las habitaciones.
- Deje que la brisa y la luz del sol bañe la casa con chi fresco.
- Procure que todos los espacios del interior de la vivienda se activen de vez en cuando. Si tiene habitaciones que no usa —por ejemplo dormitorios de hijos que están estudiando fuera— abra las ventanas con regularidad, ponga el ventilador, conecte el equipo estéreo o encienda las luces durante un rato. Ello equilibrará el chi y evitará que la energía de esa habitación se vuelva demasiado yin.
- Averigüe qué partes del jardín pueden estar abandonadas y active también el chi de esos lugares.

ARRIBA. Esta habitación da una impresión de espacio que siempre es buena en feng shui. Observe que el gran espejo de la derecha aumenta todavía más el espacio.

El tráfico dentro de todo espacio interior fluirá de acuerdo con el flujo de chi, y por lo tanto debemos procurar asegurarnos de que éste se mueve con naturalidad de una habitación a otra. Por lo general, cuanta más gente haya en un sector o rincón de la casa, más energía yang se depositará allí. Así pues, las zonas muy frecuentadas tienden a sufrir una mayor acumulación de energía yang —y del buen sheng chi— que las áreas menos visitadas.

Cuando el chi se bloquea, también se bloquea nuestra trayectoria en la vida y el éxito. Lo que afecta al flujo del chi no consiste tanto en qué muebles o aparatos pongamos en el interior de las habitaciones, sino en cómo los colocamos.

Procure trazar una ruta que refleje cómo se mueve la gente en el interior de la casa. Al hacerlo, podrá identificar las aflicciones del feng shui. Vea adónde le conduce el ojo. En la entrada, el flujo del tráfico debe llevar a un vestíbulo iluminado y nunca a escaleras ni cuartos de baño. Asómese a las habitaciones que no usa con frecuencia y tome nota también de los rincones olvidados y las habitaciones a las que cuesta entrar, para equilibrar el flujo del chi.

UNA CASA FAVORABLE

Existen diferentes métodos de feng shui que usted puede seguir a la hora de diseñar la distribución de las habitaciones de su casa, y que le ayudarán a decidir dónde situarlas, qué tamaño deben tener, etc. El hecho de conocer todas las opciones que tiene puede representar una diferencia para acabar teniendo una casa con buenos auspicios.

- Puede emplear la fórmula de las Ocho Mansiones para personalizar las direcciones donde duermen y se sientan los miembros de la familia (véanse las páginas 64-65).

- Puede elegir la zona más favorable de la casa según el feng shui de Estrella Voladora para estar seguro de que su dormitorio principal se halla en la parte de la casa con los mejores números (véanse las páginas 82-109).

- Puede disponer la distribución de la casa según el método Pa Kua, para escoger la clase de suerte que quiere para su dormitorio (véanse las páginas 42-45).

- Incluso puede que prefiera seleccionar las habitaciones según la asignación Pa Kua de los espacios a los diferentes miembros de la familia, por ejemplo: el padre en el noroeste, los hijos en el este, etc.

DERECHA. Saber cuál es la distribución favorable de los muebles le ayudará a mirar con nuevos ojos el diseño del interior de su hogar.

Todos los diversos métodos de feng shui funcionan, y algunos funcionan muy bien. La ventaja de conocer personalmente los distintos métodos radica en que es usted quien decide entre varias opciones, en lugar de un consultor a quien resulta indiferente, y podrá explicar a su arquitecto y diseñador de interiores lo que quiere.

Conocer el feng shui de Estrella Voladora le permite cambiar la energía de la vivienda basándose en la orientación de la misma. Así, como puede ver, el feng shui es muy flexible cuando se practica con inteligencia. En realidad, en feng shui hay una gran dosis de sentido común. Yo estoy convencida de que muchos de los distintos métodos de feng shui son válidos y tienen algo que ofrecer, incluso los que han sido adaptados para la vida moderna. No hay necesidad de ser dogmáticos acerca de los conocimientos antiguos de feng shui; muchos practicantes occidentales de la Nueva Era demuestran descubrimientos maravillosos que ni siquiera maestros veteranos que poseen muchos años de experiencia han logrado captar.

CÓMO SELECCIONAR MUEBLES FAVORABLES

La selección de muebles favorables es importante a la hora de mejorar nuestro feng shui. Los muebles siempre deben prestarnos apoyo, y es importante que el patriarca de la familia se siente en sillas con reposabrazos para que éste no le falte.

Los muebles nunca deben bloquear el flujo del chi, sin ser demasiado minimalista con tonos grises y negros que sugieran un ambiente Zen, espiritual, que resulta demasiado yin. Si a usted le gusta el aspecto minimalista, introduzca elementos yang para que haya equilibrio, como fuentes de luz y de sonido.

Los muebles del comedor

La comodidad es algo importante a tener en cuenta al estar sentados a la mesa del comedor. Las sillas incómodas sugieren dificultad para mantener su estilo de vida actual. Las sillas que resultan demasiado pequeñas para usted limitan su crecimiento y su movilidad hacia arriba. Las mesas de comedor demasiado pequeñas o demasiado estrechas también sugieren que su éxito y su buena fortuna no pueden mantenerse. Las mesas octogonales, en forma de Pa Kua, se consideran favorables, pero las mejores son las grandes y redondas.

Los muebles del cuarto de estar

Aunque le gusten los modernos diseños italianos, como a mí, en realidad debe usar también, como mínimo, un juego de sillones con respaldo. Yo tengo los míos en la habitación en la que recibo invitados, de modo que tengo para sentarme un sillón

IZQUIERDA. Las mesas de comedor redondas y las sillas de respaldo alto son muebles favorables para el comedor.

que me proporciona apoyo. En mi habitación familiar, el sofá es mullido y acogedor para los miembros de la familia.

Los muebles del dormitorio

También las camas deben proporcionar apoyo, así que es importante contar con un cabecero. Nunca debe haber estanterías detrás ni encima de usted. Su cama no debe ser ni muy pequeña ni muy corta, pues eso limita su crecimiento y es muy perjudicial para los niños que están creciendo. Jamás ponga dos camas individuales juntas, ni coloque dos colchones sobre un mismo somier, pues eso crea una línea de separación invisible. Es mejor dormir en dos camas grandes separadas.

EL COLOR Y LAS COMBINACIONES DE COLORES

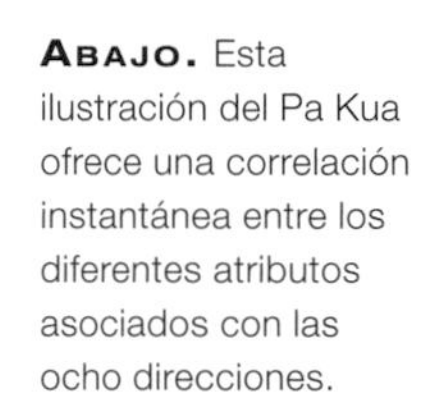

ABAJO. Esta ilustración del Pa Kua ofrece una correlación instantánea entre los diferentes atributos asociados con las ocho direcciones.

El Pa Kua ilustrado abajo muestra la correlación existente entre direcciones y colores. En él podemos ver, por ejemplo, que las zonas sur de la casa y las habitaciones sur son del elemento fuego. Así, en los rincones sur, el rojo es el color que complementa y el verde es el que refuerza, porque la madera alimenta e intensifica el fuego. Lo que resultaría perjudicial es el agua azul, que apaga el fuego, o la tierra, que agota el fuego.

Así, existen para cada sector colores favorables y desfavorables. También hay combinaciones de colores favorables, que en el sur serían el verde con el rojo, y también el azul con el verde, ya que el agua refuerza la madera que alimenta el fuego. El azul por sí solo no sería bueno, pero el azul con el verde sí sería favorable.

En el norte, el elemento es el agua, que es reforzada por el metal, así que el blanco resulta excelente. Las combinaciones de colores favorables serían el blanco con azules, o metálico con azules. El verde sería malo, porque agota el agua, y la tierra la destruye, de modo que el amarillo tampoco es un buen color para el norte.

En el este y el noroeste el elemento es el metal, que es reforzado por la tierra, así que el amarillo resulta fantástico y el amarillo con blanco sería muy bueno. También es buena la combinación de oro con blanco o con amarillo. El rojo sería desastroso, y el azul agotaría el sector.

En el este y el sureste el elemento es la madera, así que son favorables los verdes y los marrones. El azul también es muy nutritivo, y las combinaciones de azul y verde excelentes. Evite los rojos y los blancos o las combinaciones de dichos colores.

En el suroeste y el noreste el elemento es la tierra, por lo que el color es el amarillo. No obstante, el color rojo también es excelente aquí, porque el fuego alimenta la tierra. Todos los tonos vivos de rojo y naranja funcionarían bien en estos rincones. Los colores a evitar serían el verde, que perjudica a ese lugar, o el blanco y dorado, que lo agotan.

Seleccione los colores dominantes de cortinas, alfombras, cojines, pinturas y otros objetos de decoración de interiores. Descubrirá que al hacerlo estará contribuyendo enormemente al equilibrio y la armonía del interior de su hogar.

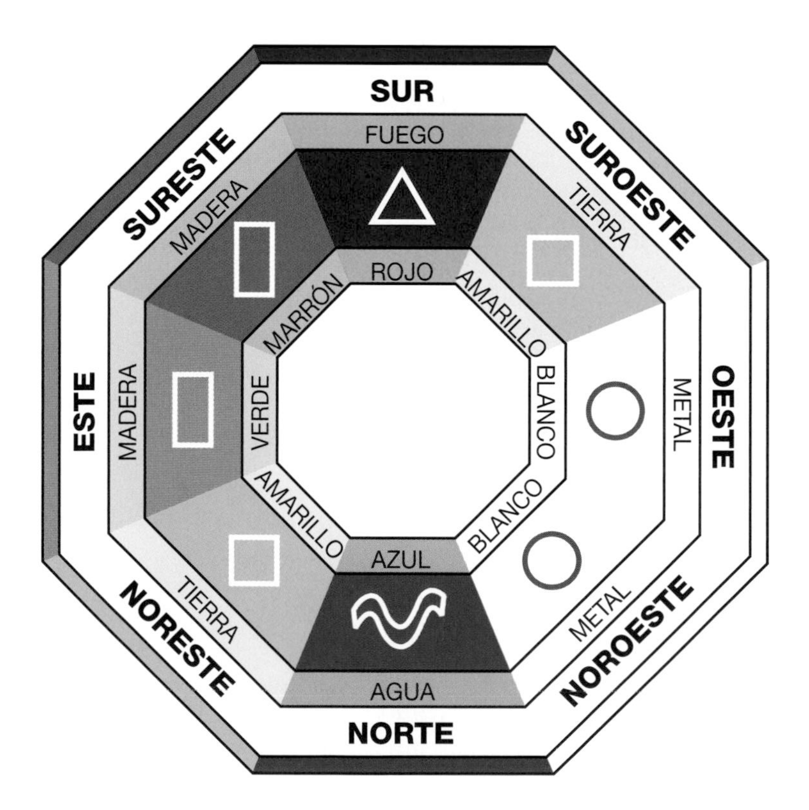

Las formas y los colores asociados con los elementos de cada dirección

FORMAS Y DIMENSIONES

La forma y la dimensión de los muebles puede aumentar o disminuir la energía de una habitación, y por lo tanto afectar al chi alrededor de los mismos. Cuando las formas están en equilibrio y son armoniosas con el chi intrínseco de esa parte de la habitación y la casa que ocupan, el efecto es positivo.

Las formas

En la ilustración de abajo, se ha superpuesto el Pa Kua a cada habitación individual. Si se hubiera superpuesto a toda la casa conoceríamos el elemento dominante de cada habitación en su conjunto, así como los rincones concretos de cada habitación. Como la casa está orientada hacia el sur, sabemos que el dormitorio principal, por ejemplo, está situado en el suroeste, lo cual hace que ahí el elemento dominante sea el de tierra. Así pues, este dormitorio se beneficia de la energía de fuego, que refuerza la tierra. Por lo tanto, la suerte de esta habitación se verá realzada con objetos de forma triangular, luces y alfombras y cortinas rojas. Sin embargo, un exceso de rojo sería demasiado yang, de modo que es mejor resaltar sólo el rincón suroeste de la habitación, colocando allí un armario de forma triangular.

Las dimensiones

Además de las formas y los colores, también es posible utilizar una cinta de medir feng shui para fabricar los muebles de dimensiones favorables.

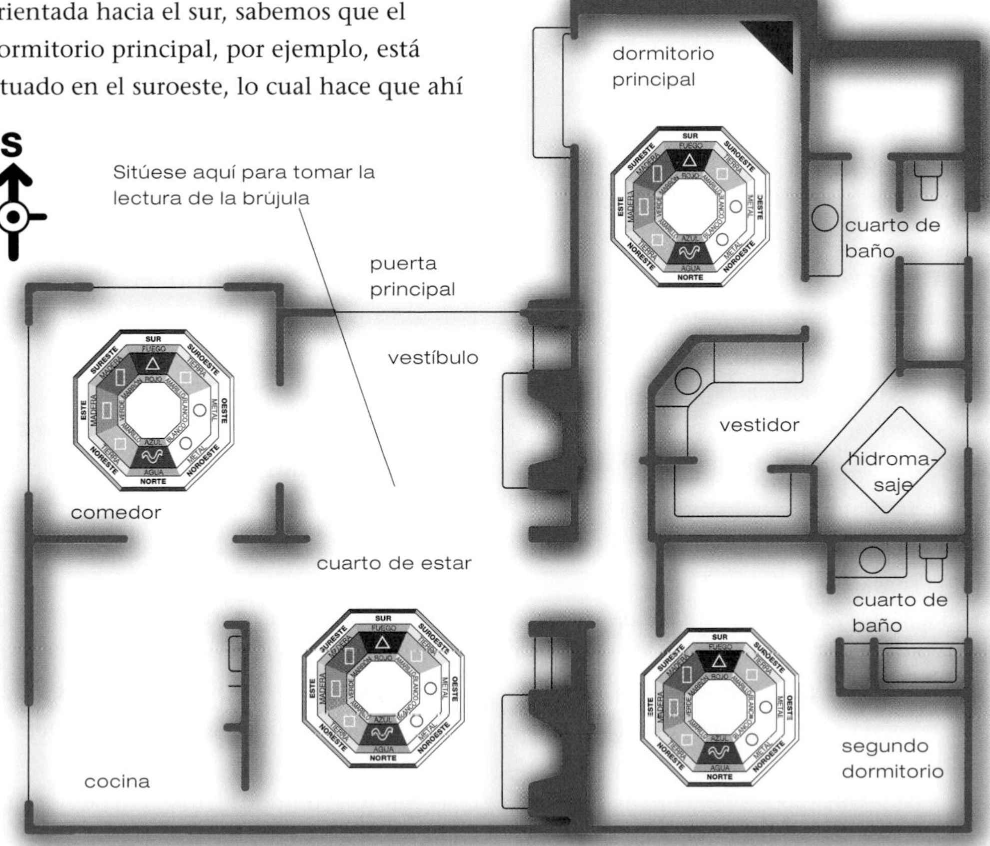

IZQUIERDA. Los colores y las formas deben complementar las direcciones de cada habitación o rincón de la casa. Memorice esos atributos complementarios para proceder a la planificación de su feng shui.

EL USO DE LOS ELEMENTOS PERSONALES

Además de utilizar los elementos de las direcciones del Pa Kua para mejorar su feng shui, también puede usar su elemento personal para mayor ventaja.

ARRIBA. Una habitación adornada con plantas beneficia a las personas cuyo elemento es la madera.

Muchas personas se sienten confusas a la hora de identificar su elemento personal, y es comprensible, porque cada persona se ve influenciada por más de uno de los cinco elementos. Basándose en los detalles de su nacimiento, es posible generar los distintos elementos según el año, la fecha, el mes y la hora en que nació.

Así se crea el conjunto de elementos generados a partir de lo que los astrólogos llaman la carta Paht Chee, o carta de los ocho caracteres, que permite a los adivinos leer los ciclos de suerte de nuestro destino conjuntamente con la astrología de la Estrella Púrpura. Sin embargo, el elemento a utilizar cuando se planifica el feng shui personal es el de la rama terrenal del año según su signo del zodíaco. Los objetos que hay en su espacio vital siempre deben reforzar dicho elemento. Consulte su zodíaco en las páginas 24-25 y después utilice la información que sigue para averiguar cuál es su elemento personal.

ANIMALES DEL ZODÍACO Y SUS ELEMENTOS	
Rata - Agua	**Caballo** - Fuego
Buey - Tierra	**Cabra** - Tierra
Tigre - Madera	**Mono** - Metal
Conejo - Madera	**Gallo** - Metal
Dragón - Tierra	**Perro** - Tierra
Serpiente - Fuego	**Cerdo** - Agua

Use su elemento para conseguir el chi más afortunado con los muebles que lo rodean, y sobre todo los de la cama y la zona donde duerme. Recuerde que si hay otros ocupantes en la casa, personalizar el refuerzo del elemento en realidad sólo debe limitarse al dormitorio de usted.

Los números Kua

Puede usar su elemento personal definido por la fórmula Kua (véanse las páginas 59-60) para aplicarlo a las camas y el mobiliario del dormitorio. Especial poder tiene aplicar el elemento personal a los adornos personales, tales como el color de la ropa, las joyas y los colores y estilos del maquillaje del rostro.

EL FENG SHUI EN EL DORMITORIO

El feng shui ofrece un gran número de pautas y consejos para el dormitorio. También existen muchos tabúes sobre el mismo que hay que tener en cuenta.

Esos tabúes deben observarse y tenerse en cuenta, pero una buena dirección a la hora de dormir contribuye a la buena suerte. La dirección favorable para dormir es donde señala la cabeza, porque el chi entra en una persona dormida a través del chakra de la coronilla, en la parte superior de la cabeza. Así que si desea riqueza y éxito económico, le beneficiaría enormemente tener un dormitorio en la casa que se corresponda con la dirección de la riqueza para usted, y colocar la cama en la dirección favorable para dormir, lo que le permitirá sacar partido de esa dirección mientras duerme. Al hacerlo, habrá aprovechado el efecto de la doble bondad. Sin embargo, en la realidad no siempre es posible conseguir un feng shui perfecto. En la ilustración, el dormitorio principal está en la parte noroeste de la casa. En cuanto a su situación, este dormitorio es beneficioso para una persona del grupo oeste. Si el número Kua de dicha persona es el 6, el noroeste es su mejor dirección para el crecimiento personal, de modo que resulta aceptable para una persona del grupo oeste aun cuando no sea la dirección de la riqueza. Dado que la cama señala hacia el oeste, ésta es su dirección para la riqueza. Este dormitorio principal no es bueno para una persona del grupo este, aunque se puede recolocar la cama de modo que la cabeza apunte al norte.

ABAJO. Este dormitorio y esta cama son excelentes para una persona cuyo número Kua sea el 6. Si la usa el patriarca, su posición es doblemente buena, pues el noroeste es la dirección del patriarca.

TABÚES DEL DORMITORIO

- No deje que la cama «flote» en medio de la habitación. Ha de haber una pared sólida detrás de ella, de lo contrario su sueño se verá desequilibrado.
- No permita que sus pies apunten directamente a la puerta, pues ésa es la posición de la muerte.
- No ponga espejos mirando de frente a la cama.
- No permita que la cama comparta una pared con un cuarto de baño. Esto hace que el chi se vea afligido antes de entrar en su cabeza.
- Procure no dormir con una ventana detrás de usted.

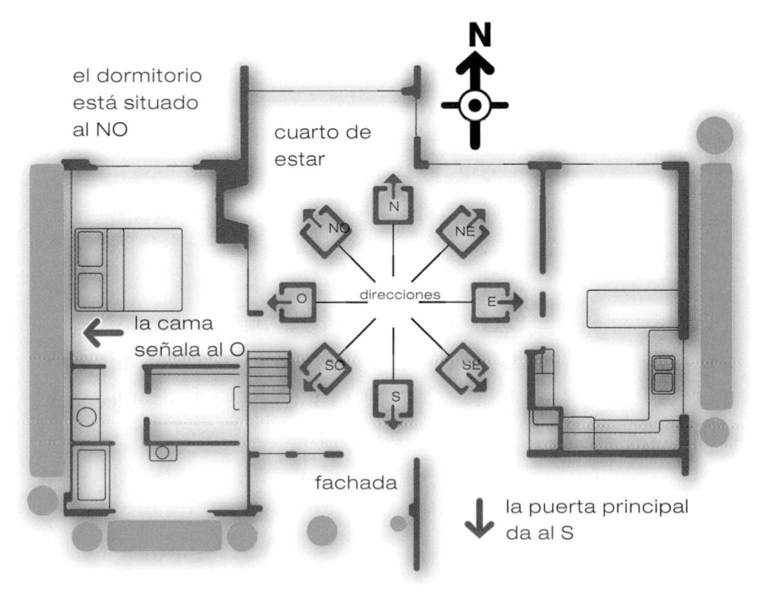

LOS MUEBLES DEL DORMITORIO

DERECHA. Las camas con dosel sugieren que usted está protegido toda la noche mientras duerme.

Las camas con dosel son excelentes, pues sugieren un refugio y un escudo protector durante las horas de sueño. Un dosel completo es mejor que medio dosel. Las camas deben tener también cabecero y, con independencia del diseño, han de ser lo bastante sólidas para proporcionar un buen descanso mientras se duerme. Resulta excelente para la salud tener el símbolo de la longevidad tallado en la cama.

Nunca sitúe una cama flotando en medio de la habitación, pues causa desequilibrio e incertidumbre. Yo lo probé a instancias de un maestro de feng shui que era un experto en las Ocho Mansiones. Descubrí que, a pesar de estar durmiendo en mi dirección sheng chi, si la cama no cuenta con una pared sólida o al menos una ventana (que debe tener las cortinas cerradas por la noche), en realidad el efecto no es bueno en absoluto. Es mejor dormir con la cabeza apuntando hacia una dirección menos favorable pero teniendo un apoyo detrás. Las camas de buenos auspicios siempre tienen un apoyo detrás y no deben verse afligidas por estanterías de libros en las inmediaciones.

COMPATIBILIDAD CON SU SIGNO DEL ZODÍACO

Use el ciclo productivo (véanse las páginas 20-21) para obtener el tipo de cama más favorable para su elemento personal.

La **serpiente** y el **caballo** pertenecen al elemento fuego. Para las personas fuego son excelentes las camas de madera. Su chi se agota si duermen en una cama baja o sobre un suelo de cemento, ya que el cemento representa la energía de tierra. Tampoco deben dormir nunca en camas de agua.

El **perro**, el **dragón**, el **buey** y la **cabra** pertenecen al elemento tierra. A estas personas las beneficia todo lo que sea rojo. Su chi se agota si duermen en suelos de madera, y también deben evitar las camas de latón.

El **cerdo** y la **rata** pertenecen al elemento agua. Las personas agua se benefician de las camas de latón, pero han de evitar el exceso de muebles de madera.

El **tigre** y el **conejo** pertenecen al elemento madera. Las camas de agua son desestabilizadoras, así que las personas madera pueden simbolizar el agua con sábanas y edredones azules. Deben evitar la energía de fuego, por ejemplo: las sábanas rojas minan su energía.

El **mono** y el **gallo** pertenecen al elemento metal. Las personas metal siempre deben usar sábanas blancas. Las camas de agua les perjudican mucho.

UN DORMITORIO ELEGANTE Y CON BUENOS AUSPICIOS

Se puede diseñar un dormitorio de aspecto muy elegante y que al mismo tiempo respete los principios del feng shui. Mientras la cama esté de forma favorable según sus direcciones Kua, y mientras observe las pautas básicas del feng shui en el dormitorio, no se equivocará demasiado.

He aquí algunos consejos adicionales de utilidad al planificar su dormitorio.

- Mantenga el dormitorio con una forma regular. Por muy elegante que le pueda parecer una forma irregular, resístase a la tentación de aceptar un dormitorio en forma de L, de U o de triángulo. El tamaño y la forma regulares traen mejor suerte.

- Ponga las plantas y las flores fuera de la habitación, para que no minen su energía.

- Cerciórese de que su cama no es ni muy pequeña ni muy grande. Unas pequeñas limitan nuestro crecimiento y desarrollo, mientras que las otras causan problemas en las relaciones.

- Aléjese de diseños abstractos con flechas y triángulos; representan el elemento fuego, que es dañino para el dormitorio, y simbolizan flechas envenenadas que le atacan mientras duerme.

- Use suaves colores pastel en vez de fuertes colores primarios. Un dormitorio dominado por el rojo es adecuado para gente joven, pero el rojo es un color muy yang, lo cual no predispone al descanso. Es preferible usar rojo oscuro o marrón.

- Deje el Dios de la Riqueza y otras deidades, así como las criaturas celestes, fuera del dormitorio. No es aconsejable energizar la habitación con símbolos feng shui de buena fortuna, y desde luego el dragón debe quedarse fuera.

ABAJO. No es buena idea dormir con una ventana detrás, pues ello sugiere una falta de apoyo. Tampoco es aconsejable tener flores dentro de la habitación, pues aquí minan nuestra energía.

EL FENG SHUI EN LA COCINA

Según la fórmula Kua, lo ideal es que las cocinas estén situadas en una de las cuatro direcciones malas del patriarca de la familia, y deben emplearse para «aplastar» la mala suerte.

Esto se basa en la premisa de que la potente energía que produce el hecho de cocinar suele ser tan fuerte que aplasta la suerte del lugar donde se encuentra. Es mucho mejor que la cocina aplaste los lugares malos del patriarca que los buenos. Aunque gane el sustento la matriarca, la cocina debe aplastar la mala suerte del patriarca. No obstante, la dirección de orientación de la placa de cocinar debe ser una de sus mejores direcciones.

Así pues, tome nota:

■ Si la cocina está situada en su dirección personal de la riqueza (sheng chi), el resultado es impopularidad, abortos espontáneos y falta de vitalidad. La cocina aplastará su suerte para el éxito.

■ Si la cocina está situada en su dirección de la salud (tien yi), enfermará con frecuencia y se cansará y debilitará con facilidad. La cocina absorberá toda su energía y su chi vibrante.

■ Si la cocina está en la dirección de los cinco fantasmas (lui shar), eludirá las enfermedades y tendrá éxito.

■ Si la cocina está situada en su dirección del romance (nien yen), le resultará difícil casarse, y si ya está casado habrá malentendidos y peleas. La fuerte y excesivamente yang energía del fuego quema sus relaciones, más que nutrirlas.

■ Si la cocina está situada en la dirección de su crecimiento personal (fu wei), será siempre pobre. Se estancará y vivirá en un continuo estado de insatisfacción. Ésta es la situación más perjudicial, ya que ataca nuestra sensación de logro y felicidad.

■ Sin embargo, en su dirección de la pérdida total (cheuh ming), la cocina aplastará toda su mala suerte asociada con esta dirección. Disfrutará de buena salud.

■ Si la cocina está en el lugar de los seis asesinos (wu kwei), su familia gozará de suerte constante. La mala suerte se disipa con facilidad y se escapará de las desgracias.

■ Las cocinas situadas en la dirección de la mala suerte (ho hai) le protegen contra la pérdida de dinero y de ser engañado por la gente. También tendrá más resistencia a la enfermedad.

Nunca debe colocar una cocina en la parte noroeste de la casa. Si la suya está situada en ese punto, procure cambiarla de sitio. Sino puede hacer dicho cambio, alivie ese peligroso feng shui colocando una urna grande (45 cm de profundidad y 30 de anchura) de agua quieta (yin); supera la energía de fuego creada por la cocina.

IZQUIERDA. Las cocinas deben estar aireadas, bien iluminadas y despejadas de trastos. Una cocina no debe estar situada en la parte noroeste de la casa.

PAUTAS PARA COCINAS

- Debe situar la placa de forma que la «boca» (que yo interpreto como la puerta del horno, ya que se corresponde con el concepto de que la puerta de la casa es la boca del hogar) se oriente hacia una de las cuatro direcciones buenas del patriarca.
- El fregadero no debe estar frente a la placa, ya que salpica agua hacia el fuego, lo que representa un conflicto de elementos.
- De igual modo, la nevera y el lavaplatos deben situarse lejos de la placa.
- La zona para cocinar en sí no debe estar en la parte noroeste de la cocina, porque esto representa «fuego a las puertas del cielo».
- Todas las estanterías deben estar cerradas con puertas, que pueden ser de vidrio, madera o plástico.
- El juego de colores debe armonizar con el elemento de la dirección en que está situada la cocina.
- Las cocinas blancas son excelentes si están situadas en el oeste. En ese lugar no deben estar basadas en el color rojo.
- Las cocinas amarillas deben estar en los rincones tierra noreste o suroeste. Aquí, evite usar un juego de colores dominado por el verde o el azul.
- Las cocinas situadas en el norte pueden ser azules o blancas y negras, pero no de color amarillo, beige ni crema.
- Las cocinas situadas en el este y el sureste deben beneficiarse de un conjunto de colores dominado por el verde, pero no deben ser rojas ni blancas.
- Las cocinas situadas en el sur no deben ser rojas, aunque este lugar sea del elemento fuego. Es mejor usar colores como el rosa o el beige, ya que el rojo en la cocina es color de peligro, que representa excesiva energía de fuego.
- Use siempre baldosas en el suelo de la cocina, pues aportan una excelente energía de base. No use madera, alfombras ni linóleo. Las cocinas que tienen ventanas son mejores que las que no las tienen. Nunca permita que los olores se vuelvan demasiado fuertes y, lo más importante, no llene la cocina de sobras de comida.

CENAR CON BUENOS AUSPICIOS

La fórmula Kua de las direcciones favorables puede aplicarse en el comedor para beneficiar a todos los miembros de la familia. Use una brújula para comprobar la dirección de orientación de cada comensal y asigne ese sitio a cada miembro de la familia.

Dispondrá de mayor flexibilidad en las direcciones si utiliza una mesa octogonal Pa Kua, pero puede usar cualquier tipo de mesa de comedor. Las redondas se dice que son muy favorables. Las cuadradas y las rectangulares también son aceptables desde el punto de vista del feng shui, aunque al tener cuatro lados, esas mesas pueden resultar a veces incómodas para aprovechar las direcciones favorables. Además, si tiene una mesa de comedor rectangular, asegúrese de que nadie se siente en las esquinas. No coma nunca con la esquina apuntando directamente a su estómago. La dirección operativa es aquella que usted tiene enfrente al sentarse a comer.

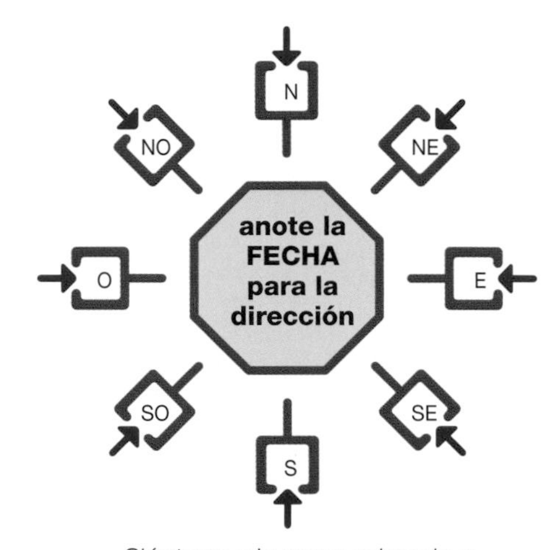

Siéntese a la mesa mirando a su mejor dirección

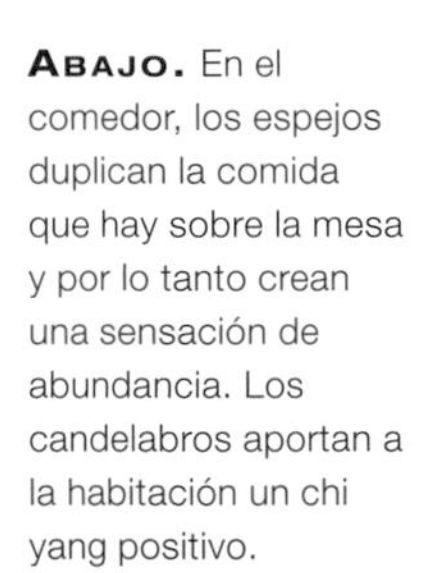

ABAJO. En el comedor, los espejos duplican la comida que hay sobre la mesa y por lo tanto crean una sensación de abundancia. Los candelabros aportan a la habitación un chi yang positivo.

Así que si para usted es buena la dirección sur, siéntese en el sitio que le permita mirar hacia el sur. No es necesario que la dirección que escoja para comer sea siempre la de la riqueza. Yo prefiero sentarme de frente a mi dirección de familia y romance, y también pongo a todos los miembros de mi familia frente a sus respectivas direcciones de familia y romance. Esto es un buen augurio para la armonía familiar, ya que esta dirección es también la dirección de la energía nutritiva para la matriarca.

Cuando todos están de frente a sus direcciones de riqueza y éxito, la cantidad de agresiva energía yang generada puede a veces ocasionar acaloradas discusiones. Por

supuesto, se entiende que no se debe comer frente a una de las cuatro direcciones malas, sobre todo la de la pérdida total (cheuh ming); eso trae una enorme mala suerte. Además de aprovechar su buena dirección, siga también algunas de las normas básicas del feng shui para el comedor. A continuación se ofrece una lista que puede repasar:

- Procure no tener la entrada del retrete en una pared del comedor ni compartiendo un tabique con el mismo. Si hay un retrete, tenga la puerta cerrada todo el tiempo; la energía sucia que procede de él resulta dañina.

- Ponga un espejo para que refleje la comida que hay sobre la mesa, pues eso duplica su buena suerte.

- No coma directamente debajo de un retrete de la planta de arriba, situado encima de la mesa. ¡Mala suerte de verdad!

- No coma en el sótano ni en la parte más baja de la casa.

- El comedor ha de estar al fondo de la casa. Si come cerca de la puerta de entrada, la riqueza tiende a escaparse.

En el comedor que aparece ilustrado arriba, fíjese en que la luminosidad de la habitación es complementada con un buen juego de colores. En feng shui, se puede utilizar casi todos los matices de colores (salvo quizá los colores más oscuros), dependiendo de la situación del comedor. El excelente espejo del cuarto de estar también aumenta su feng shui. La razón es que no hay nada que divida la zona de estar y la de comedor. Esto es aceptable en feng shui. Del mismo modo, el candelabro del salón beneficia también a la zona de comedor. Observe la única columna situada a la derecha de la habitación, entre la zona de estar y la de comedor. Si tiene columnas más gruesas en casa, una manera de tratarlas es cubrirlas con espejos.

ARRIBA. Las mesas rectangulares son mejores que las ovaladas, pero nunca se siente en una esquina. También es bueno para el flujo del chi que haya una sensación de espacio.

CÓMO DISEÑAR UN COMEDOR FENG SHUI

ARRIBA. Un comedor espacioso y abierto mejora la suerte de la familia.

Al construir un hogar nuevo, haga un esfuerzo por diseñar un buen feng shui en el comedor. En cuanto a la distribución, sitúe la zona de comedor en el centro de la vivienda o muy cerca del mismo, pues representa el corazón de la casa. Cuanto más espacioso sea el comedor, mejor será la suerte de la familia. Lo ideal sería que hubiera una pared, que debería estar detrás de donde se sienta el padre o la madre. Los comedores que forman parte del salón son excelentes, porque ello aumenta la sensación de espacio. Sería incluso mejor si los gráficos de Estrella Voladora indican buenos «números» en el centro de la casa.

Las cocinas situadas junto a la zona del comedor deben estar al mismo nivel que éste o un poco por debajo. Nunca ponga el comedor en una zona hundida de la casa. Si su vivienda consta de dos niveles, ponga el comedor en el de arriba. Pero no debe colocar el comedor en un entresuelo, pues esa planta intermedia resulta muy desfavorable. Por último, procure no tener esquinas salientes ni vigas que se vean por encima de la cabeza. Ser atacado por flechas peligrosas mientras come es la manera más segura de contraer enfermedades graves. Si hay esquinas visibles o pilares cuadrados que envían flechas envenenadas hacia los ocupantes de la mesa, difumine las aristas de dicha esquina y desactive la flecha venenosa con plantas, colgando del techo un cristal de facetas, directamente sobre dicha arista, o colgando unas campanitas de viento.

LOS EFECTOS DE LAS FLECHAS ENVENENADAS EN EL COMEDOR

Los efectos de las flechas envenenadas que proceden de distintos lugares son los siguientes:

Suroeste. Causa problemas de útero y estómago, como indigestión y aborto espontáneo.

Norte. Afecta a los riñones y los oídos.

Este. Trae enfermedades asociadas con los pulmones y los pies.

Noroeste. Provoca dolores de cabeza y migraña grave.

Oeste. Causa problemas de pulmones y peligro para la cabeza.

Noreste. Causa problemas de espalda y vulnerabilidad a los accidentes que afectan a manos y dedos.

Sureste. Causa enfermedades asociadas con los muslos y los glúteos, y también nos vuelve susceptibles a la gripe y los resfriados.

Sur. Causa problemas oculares y de corazón.

CÓMO CORREGIR EL CHI NEGATIVO EN EL COMEDOR

- Ponga una maceta enfrente de las aristas de cualquier esquina o columna.
- Aparte la mesa del comedor de debajo de las vigas del techo.
- Supere la fuerte energía de las vigas del techo poniendo un par de flautas de bambú en forma de A sobre el borde de la viga.
- Ponga cortinas o persianas en las ventanas para disimular las vistas desagradables.
- Proteja la zona de comedor del brillo excesivo del sol del oeste.
- Examine los números de la carta natal de Estrella Voladora del comedor y utilice la terapia de los elementos para superar el efecto de las malas combinaciones.

MEJORE EL FENG SHUI

Ponga en el comedor un conjunto de los Fuk Luk Sau o Dioses Estrellas. Procure comprar los mejores que pueda permitirse. Estas imágenes tienen gran importancia en esta parte de la casa. Los chinos creen que los Fuk Luk Sau abarcan todas las aspiraciones de los seres humanos, y que su imagen dentro del hogar atrae la buena suerte. En muchos hogares de Hong Kong he visto versiones fabulosas de este símbolo tan favorable hechas de piedras y metales nobles.

También puede poner en la zona del comedor un símbolo de longevidad. Seleccione uno que a usted lo atraiga de forma especial: una planta de melocotón hecha de alguna variedad de jade, una imagen del Dios de la Longevidad o tal vez una urna antigua con imágenes de grullas, bambú o pinos.

Para atraer la abundancia, cuelgue una pintura que simbolice la abundancia de comida, una cosecha o un cultivo, o alguna otra cosa que sugiera plenitud. Nunca cuelgue en el comedor pinturas de animales, dibujos abstractos ni caras de expresión triste; ésta ha de ser una habitación alegre, en la que los miembros de la familia se relacionen felices entre sí, de modo que utilice las paredes para crear vibraciones favorables.

ABAJO. Ponga imágenes de Fuk Luk Sau en el comedor para aumentar la suerte en la riqueza.

EL FENG SHUI DEL CUARTO DE ESTAR

El cuarto de estar es la «cara» que mostramos al mundo. Es la parte de la casa más frecuentada por las visitas, de manera que es la zona pública de su hogar. El cuarto de estar ha de ser espacioso, y es una buena idea mantener esta zona de la casa bien iluminada para que el chi no deje de circular.

ARRIBA. El sólido sofá y los sillones hacen que este cuarto de estar resulte acogedor. Sin embargo, la gran planta y los motivos del suelo dominan el espacio. Es importante tener una sensación de equilibrio.

Los muebles deben ser cómodos y no amenazadores; unos confortables sofás de cuero o tela que ofrezcan un buen descanso para los hombros y un firme apoyo detrás son un feng shui excelente.

El cuarto de estar es probablemente la mejor habitación de la casa para decorarla con objetos de buenos auspicios y símbolos de buena suerte, ya que es la que se ve al entrar en casa. Una pintura de los Ocho Inmortales, que son reverenciados como santos taoístas, es muy favorable cuando se cuelga en el cuarto de estar. La mayoría de las pinturas contienen también los símbolos de la buena fortuna que lleva cada Inmortal, como la grulla, los murciélagos rojos, el pino, el melocotón, el abanico, el wu lou (símbolo de la buena salud) y el matamoscas.

Otras ideas buenas son poner un Pi Yao, la criatura celestial que se dice que posee el poder de aplacar al Gran Duque Júpiter, en el centro de la mesita y colocar en una mesilla auxiliar un caballo como ofrenda tirado por el Dios de la Riqueza. En el suelo, viene bien poner un barco velero grande lleno de lingotes de oro que provenga de su dirección sheng chi más favorable. Un cuenco pequeño de bambú en crecimiento sobre una mesa de cristal en el rincón de la riqueza de la habitación resulta un buen energizante.

No hay necesidad de usar nada viejo, antiguo ni chino, si no lo gusta ese estilo para su hogar. Hay casas modernas muy bonitas y bien diseñadas que incorporan con inteligencia los principios de un feng shui favorable del modo más sutil. Usted puede ser todo lo moderno que desee.

LOS MUEBLES DEL CUARTO DE ESTAR

Resulta muy beneficioso diseñar los muebles del cuarto de estar con la mira puesta en crear el mejor feng shui para usted según las direcciones Kua. Puede hacerlo usando colores, cuadros, cortinas y sillones que armonicen con el elemento indicado en su número Kua. También puede concentrarse en orientar los sofás y sillones hacia las direcciones buenas.

La colocación de los sofás deberá permitirle sentarse mirando hacia su mejor dirección mientras atiende a sus invitados. Así que si su dirección es el este, deberá distribuir los asientos de forma que usted pueda sentarse de cara al este, o por lo menos de cara a una de sus cuatro direcciones favorables. Mejor todavía es que pueda sentarse en uno de sus rincones afortunados y al mismo tiempo mirando hacia una de sus direcciones de la suerte.

Aun así, también es importante organizar los asientos de modo que nadie se siente directamente en la «línea de fuego» del shar chi o energía asesina, procedente de aristas agudas o columnas estructurales. Cuando ocurra esto, siempre podrá camuflarlas con plantas frondosas. Las columnas pueden cubrirse con espejos, lo cual hace que la columna desaparezca visualmente y por lo tanto no cause problemas de feng shui. Además, los armarios empotrados que tienen estanterías a la vista parecen cuchillas que envían un chi asesino; lo mejor es cerrar esos armarios o quitarlos.

IZQUIERDA. En esta habitación no hay flechas envenenadas. Es espaciosa, cálida y acogedora, pero la pintura de una casa encima de la chimenea no es buena idea, y hay que retirarla.

EL USO DE LOS ELEMENTOS EN EL CUARTO DE ESTAR

ABAJO. Los muebles de caña son excelentes para los rincones este y sureste de la casa. Aquí, la ventana hace entrar el chi del sol desde el jardín. Éste es un feng shui excelente.

El uso de la terapia de los elementos en el cuarto de estar es uno de los métodos feng shui más fáciles de seguir. Busque un ciclo productivo de colores para crear el flujo del chi. Al escoger sofás y cortinas para el cuarto de estar, puede dar rienda suelta a su creatividad. Pero también es buena idea pensar en la distribución del chi de esta habitación de acuerdo con los cinco elementos y sus colores asociados: el este y el sureste son madera (verde), el sur es fuego (rojo), el oeste y el noroeste son metal (blanco), el suroeste y el noreste son tierra (amarillo), y el norte es agua (azul o negro). Aplicar los elementos y los colores le ayudará a crear un feng shui maravilloso.

Un cuarto de estar del sector este

Un cuarto de estar situado en la zona este de la casa se beneficiará de una preponderancia de madera. Ello creará gran armonía en esta habitación. El color verde también es beneficioso, y siempre debe tener flores en esta parte de la casa, ya que las flores que se están abriendo en el este indican que los proyectos y las empresas consiguen dar fruto. Los rincones de madera también se benefician de cosas que sugieran el elemento agua, de modo que ponga cortinas azules o una alfombra azul.

Mejorar un cuarto de estar del sector norte

Una pintura al óleo que represente una cascada colocada en la pared norte de la habitación significa agua que viene del norte, lo cual es muy favorable y ayudará a que florezca la madera de esta habitación. Ese cuadro será aún más favorable si el gráfico de Estrella Voladora indica una estrella de agua favorable para esta habitación, pues complementará el feng shui de la brújula con feng shui simbólico para mejorar el feng shui de la habitación.

Rojo para el sector sur

Si el cuarto de estar está situado en la parte sur de la casa, lo más beneficioso será una preponderancia del rojo. Esto no significa

que tenga que poner tanto rojo que llegue a abrumar, sino que éste debe ser el color que domine. En la habitación situada en el sur que se muestra arriba, las cortinas y los cojines dispersos de color rojo activan el elemento fuego, y todo el que pase un rato ahí se beneficiará del aprovechamiento de la suerte en el reconocimiento. Quienes pertenezcan al grupo este (es decir, que tengan los números Kua 1, 3, 4 o 9) se beneficiarán doblemente al pasar tiempo en esta habitación. Fíjese también en las alfombras de color rosa.

Activar el chi en el suroeste

Un sofá tapizado de rojo en un cuarto de estar situado en el suroeste de la casa (de elemento tierra) representa el elemento tierra, y como el fuego produce tierra en el ciclo de los elementos, la elección de estos colores tiene beneficios feng shui positivos. La cortina del fondo tiene un color ocre, que representa el elemento tierra. Este juego de colores sería menos beneficioso en una dirección de elemento metal (oeste y noroeste) o en una dirección de elemento madera (este y sureste).

ARRIBA. Los colores de esta habitación benefician a un cuarto de estar situado en el sur de la casa. Sin embargo, la colocación de los dos sofás uno frente al otro supone un enfrentamiento. Puede suavizarlo poniendo seis bolas de cristal sobre la mesa de centro para aumentar la armonía en las relaciones.

EL ARTE FENG SHUI

El arte es algo sumamente personal: reflejo del estado de ánimo, los gustos y las actitudes de distintas personas, de manera que resulta imposible decir cuál es bueno y cuál malo.

DERECHA. El arte impresionista contiene una asombrosa energía luminosa que impregna cualquier espacio con una gran abundancia de chi yang.

Sin embargo, con independencia de los gustos personales, es vital adoptar una perspectiva feng shui hacia el arte que se coloca en la casa. La razón de esto es que el chi emanado por imágenes hostiles a veces puede resultar muy pernicioso.

La mala suerte y la desgracia causada por piezas de arte colgadas en las paredes de hogares y oficinas funciona en silencio y con mucha rapidez. Yo presto una atención especial al arte que es viejo o ha estado colgado en hogares infelices, el arte que retrata el dolor, el arte que muestra imágenes de animales feroces, el arte que enseña rostros de aspecto severo o de retratos de expresión triste... La lista de las piezas potencialmente perjudiciales es imposible de reseñar. Son tantos los aspectos que entran en juego: colores, tonos, la procedencia de la pieza, etc. Hasta las imágenes de objetos favorables pueden resultar dañinas mal representadas.

Por ejemplo, las pinturas de caballos, un tema muy extendido que también es muy favorable. Un caballo que recula con las patas delanteras en el aire es un tema mortal para colgarlo detrás de nuestra silla. Un caballo de trabajo de aspecto triste crea vibraciones de pobreza. Y los caballos de cara blanca, que corren presas del pánico, sugieren que está a punto de tener lugar algún desastre importante. ¡Imagine imágenes de caballos así en su casa!

Muchas personas me han preguntado por el feng shui y el arte, y tengo que decir que nada me da más placer que visitar museos de arte de París, Nueva York, San Petersburgo y Londres. Soy una gran entusiasta de los impresionistas, y me encanta cómo capturan la luz del sol, el agua y las flores, llenas de color y energía yang. Son ejemplos excelentes del arte feliz que crea vibraciones positivas en el lugar donde se encuentre. Pero siempre me he preguntado por algunas de las obras maestras más oscuras, más sombrías y desdichadas de Picasso; ¿tendría usted en su casa una copia de su sobrecogedora *Mujer llorando*? Por otra parte, las copias de su feliz Período Azul son decididamente favorables, ya que suelen indicar una familia feliz. Así que la perspectiva feng shui se aplica igual de bien al arte occidental como al oriental. Observe los colores y los símbolos... y luego decida. Probablemente el tema artístico más poderoso que se puede tener en casa o en la oficina sea el de una montaña. Situada a la espalda, puede simular la tortuga celestial protectora o la poderosa criatura yang, el dragón. Los cuadros de montañas deben escogerse con gran cuidado; deben ser majestuosos, inquebrantables y amistosos, y emitir una serie equilibrada de elementos que esté en sincronía con la pared en la que cuelguen.

LAS IMÁGENES DE MONTAÑAS OFRECEN APOYO

El monte Everest es un excelente ejemplo de una poderosa montaña de elemento tierra, adecuado para las paredes situadas en el suroeste, el noreste, el oeste o el noroeste. Las montañas que cuentan con una frondosa vegetación son excelentes para paredes situadas al este, al sur y al sureste del cuarto de estar. Las montañas con nieve blanca son excelentes para el este, sureste y norte del hogar o de la habitación. Las montañas de aspecto yermo o muy afiladas, con muchas cumbres de forma triangular, serían hostiles, y no se recomiendan. Las montañas amarillas, marrones y de color piedra, así como las que sugieren rocas y granito, serían excelentes para el suroeste, el noreste, el noroeste y el oeste de una habitación.

Los cuadros que representan montañas siempre deben mostrar el monte dominando el valle. Si existe un valle al fondo con las montañas muy lejanas, el cuadro sugiere que usted caerá hacia atrás, y también que la montaña está subordinada al valle. En la interpretación feng shui, resulta fatal colgar este cuadro detrás de usted. Pero si lo tiene colgado enfrente, podría resultar favorable.

Los cuadros de montañas tampoco deben mostrar cursos de agua ni cascadas, a menos que éstos sean tan diminutos que quedan empequeñecidos por el tamaño de la montaña misma. Cuando usamos la energía de las montañas, ésta debe ser más fuerte que la energía del agua.

Si quiere, también puede emplear imágenes de montañas sagradas para que le presten un sólido apoyo en el trabajo. Por ejemplo, el monte Kailash, que, según la creencia de hindúes y budistas, es la montaña sagrada que constituye la residencia de los dioses. El monte Kailash está en la la cordillera de los Himalayas, en el lado tibetano, y es lugar de peregrinación.

ABAJO. Al elegir imágenes de montañas para colocarlas detrás de usted, evite las que muestren también agua. Causa un conflicto de simbolismo, a no ser que la imagen de la montaña esté colocada cerca de la fachada y se utilice para energizar una favorable estrella de montaña 8.

ARTE QUE TRAE BUENA SUERTE

DERECHA. La vibración del juego de luces y sombras en el agua de los *Nenúfares* de Monet lo convierte en un excelente energizante de agua.

ABAJO. Las pinturas de veleros en aguas tranquilas siempre son buen feng shui, pues simbolizan la llegada de buena suerte.

DERECHA. Este cuadro de Renoir que muestra una escena social feliz, o uno parecido, colocado en el suroeste, le traerá muchos amigos y una intensa vida social.

Aquí se ilustran tres pinturas impresionistas muy favorables que decididamente mejoran el feng shui en el sector apropiado de la casa.

Este cuadro del celebrado artista Claude Monet, que representa la luz del sol brillando sobre lozanas plantas que crecen, posee una maravillosa vibración y energía yang. Los árboles parecen estar vivos y sanos, de modo que la energía que emana de una copia de esta imagen sin duda será favorable y aportará energía de crecimiento a los rincones de madera y fuego. Esta clase de arte sería estupenda para el este, el sureste y el sur, pero no resultaría adecuada para el norte. Ello es porque estas plantas empaparían toda la energía de agua del norte y dejarían ese rincón vacío de dicho elemento vital.

En este segundo cuadro de Monet, el símbolo —barcos veleros— ya es favorable, porque los veleros traen buena fortuna del viento y del agua. Pero aquí vemos también unas hermosas aguas, cielos azules y sol brillante, todas ellas fuentes de energía yang. Colgar un cuadro como éste en el norte, el este y el sureste sería excelente.

El tercer cuadro es de Renoir, otro impresionista francés. Se trata de una excelente copia que colgar en el cuarto de estar, ya que aporta la energía de una escena feliz. Los participantes están disfrutando de la compañía de otras personas en una tarde calurosa, soleada y ociosa. El significado, el ambiente y la energía creada por esta imagen son positivos y alegres. Durante mi época universitaria, tuve colgado este cuadro en mi habitación simplemente porque me gustaba mucho. Un maestro de feng shui me dijo que también me había aportado una estupenda vida social.

ARTE QUE TRAE MALA SUERTE

Igual de importante es evitar colgar cuadros que traigan mala suerte.

Tome nota de lo siguiente:

- Evite arte que contenga colores oscuros o de mal presagio; crea un chi muy yin.

- Evite escenas de guerras y luchas, pues provocará enfrentamientos.

- Evite los retratos de ancianos arrugados. Esto crea un chi de enfermedad.

- Evite las pinturas de animales feroces. Los tigres y los leopardos pueden volverse fieros.

- Evite el arte que contenga líneas afiladas y angulares que sugieran cuchillos y armas; el chi es asesino.

- Evite el arte con escenarios silenciosos y fantasmales, tales como ciénagas y bosques.

- Evite el arte que muestre casas que parecen encantadas, pobres o sucias.

- Por último, evite los retratos viejos. Los chinos creen que a los espíritus fantasmales les gusta fabricarse un hogar detrás de las pinturas de caras y en especial los que tienen una mirada intensa y penetrante.

El retrato de mi caballo

Hace muchos años decidimos que un artista chino moderno pintara el retrato de nuestro querido caballo *Justy Boy*. Entregamos al artista una fotografía de mi hija Jennifer apoyada sobre el caballo, en la que ambos aparecían felices y sonrientes.

IZQUIERDA. Esta pintura de un tigre de aspecto feroz y con la boca abierta es muy mal feng shui y debe evitarse.

Sin saberlo nosotros, este excelente artista tenía una marca de fábrica famosa: siempre incluía una nubecilla en todos sus cuadros, así que puso una nube justo encima de la cabeza del caballo. Poco después de que llegase el cuadro, lo colgamos en un lugar privilegiado de nuestro cuarto de estar.

Justy Boy se quedó cojo poco después, y tardó varios años en recuperarse. Un día, sentada en el cuarto de estar, de pronto reparé en la nubecilla del cuadro y pensé que tal vez debiera quitar el cuadro de allí. Se lo crea o no, aquel mes, después de varios años de tratamiento y un montón de dinero gastado en facturas del veterinario, *Justy Boy* se recuperó. Ahora ya es viejo y sufre de las articulaciones, pero por lo menos ha desaparecido la cojera. Desde entonces me he mantenido alerta respecto de pequeños detalles como ése.

Cuando le conté esta experiencia a un viejo maestro de feng shui taoísta de Hong Kong, él asintió sabiamente con la cabeza. Entonces fue cuando me dijo que jamás debía tener en casa nada que pareciera estar debajo de una nube. Las nubes no son desfavorables, pero cuando parecen estar justo encima de uno, bloquean la luz del sol.

SÍMBOLOS TRADICIONALES DE SUERTE

DERECHA. Los poderosos perros Fu son excelentes para proteger las casas. Este perro Fu gigante guarda uno de los salones de la Ciudad Prohibida de Pekín.

Los hogares chinos están repletos de piezas decorativas de todo tipo de materiales que son símbolos de buena fortuna. Así, nuestra vajilla de porcelana, nuestras pinturas chinas, nuestras esculturas, nuestros platos y utensilios para comer, nuestros muebles, nuestros biombos y casi todo lo que está hecho para el hogar están decorados con pinturas, tallas y bordados de todos los símbolos tradicionales de la buena suerte.

He visto el poder de estos símbolos tan a menudo, que ya no me sorprendo cada vez que visito una de las ciudades de China y veo la enorme influencia de los símbolos favorables. En los años ochenta, cuando visité China por primera vez, fueron las imágenes de la Ciudad Prohibida de Pekín las que me dejaron asombrada: grullas gigantescas, tortugas, dragones y toda clase de flores de la buena suerte. Ahora que China está abriendo sus puertas al mundo, cualquiera puede visitar una de sus ciudades y ver por sí mismo el poderoso papel que desempeñan los símbolos de buen agüero en la vida de los chinos, en especial, por supuesto, el dragón.

Es una idea excelente regalar símbolos de buena suerte a los seres queridos. Los símbolos tradicionales de buen agüero es lo mejor: la imagen del Buda Riente, por ejemplo, es una maravillosa oferta de vibraciones de felicidad. Y siempre es una idea estupenda regalar melocotones, el Dios de la Longevidad, a los padres o abuelos en su cumpleaños. El regalo de la longevidad es como un amuleto que protege contra la muerte no natural. Busque siempre imágenes que estén bien hechas y que sean lo bastante decorativas para añadir lustre al interior de su casa. Nunca compre de plástico, pues cuanto más valioso sea el material, mejor. Así pues, los mejores son los símbolos en forma de joyas de calidad o hechos con piedras preciosas.

CUATRO ESTACIONES DE BUENA FORTUNA

El arte chino siempre se hace con símbolos decorativos de buena suerte. Cinco murciélagos rojos alrededor de un símbolo de longevidad es popular simplemente porque atrae la buena suerte. Asimismo, el Dios de la Longevidad es una deidad que tiene sitio en muchos hogares porque simboliza la buena salud y una vida larga. El ciervo, el melocotón y el bambú son también símbolos favorables.

■ Flores de las cuatro estaciones: el crisantemo, la flor de la ciruela, la magnolia, la peonía y la orquídea. Todas ellas tienen diferentes matices de significados afortunados. Se ha sugerido que los hogares en los que haya muchachas jóvenes siempre se benefician de las pinturas de flores, sobre todo las que muestran también mariposas, pues ello sugiere la presencia de muchos pretendientes honorables. A este respecto, la peonía es la reina de las flores, pero la presencia del loto y de los nenúfares también garantiza que las jovencitas encontrarán una buena pareja. Las flores nunca deben ir acompañadas de espinas, ni debe haber flores ajadas o marchitas.

■ Hay determinados animales que en arte resultan muy favorables. Los caballos, por ejemplo, constituyen un tema excelente porque aportan reconocimiento, fuerza, valor y sensación de aventura. Los caballos nunca deben estar corriendo despavoridos. Los caballos retozones en posturas valerosas son muy favorables. Los caballos de ofrenda y los heridos no son favorables. Otros animales que traen suerte son el ciervo, los elefantes, los camellos, el dragón y la tortuga.

■ Las pinturas de flores casi siempre contienen pájaros, y casi toda clase de aves trae algún tipo de buena suerte. La imagen de pájaros, o plumas de ave, en el automóvil protege contra los accidentes. Y la imagen de un pájaro colocada estratégicamente cerca de la puerta de una casa garantiza que ésta se venderá tan pronto como se ponga en el mercado. El fénix, el pavo y el gallo son tres aves asociadas con el feng shui, y sus imágenes connotan toda una variedad de significados de buena suerte. Un par de aves, sobre todo patos mandarines, sugiere romance.

IZQUIERDA. Una pintura de la flor de la ciruela sugiere florecimientos durante una etapa de adversidad. Simboliza resistencia y joven energía yang combinada de modo favorable con la sabiduría yang de la edad.

EL ARTE TRADICIONAL CHINO

Sencillamente, hay tantas imágenes favorables retratadas en el arte tradicional chino, que en realidad no supone ningún problema encontrar para decorar la casa obras de arte adecuadas que aporten buena suerte. Pero encontrar arte tradicional chino que pueda mezclarse en los hogares modernos sí puede plantear un desafío a los diseñadores de interiores. Mi consejo es que siga su propio instinto. Hay muchas imágenes favorables entre las que escoger.

Observe esta asombrosa pintura de Kuan Kung, el Dios Militar de la Riqueza, que resulta excelente para quien esté en el mundo de los negocios.

Encargué esta pieza a un joven y prometedor artista chino después de llevar varios meses buscando a alguien adecuado. Ya puede ver por qué estoy tan asombrada con el resultado: la pintura, simplemente rezuma abundancia. Contiene tantos objetos simbólicos de la buena suerte, que cualquier hogar se beneficiaría de su energía y de su presencia. El Dios Militar de la Riqueza resulta excelente para la gente de negocios, porque ayuda a superar a la competencia.

En realidad es fácil encontrar arte de buenos auspicios en las pinturas chinas tradicionales, ya que los chinos son muy particulares respecto a lo que exhiben. Los artistas que cursan estudios de arte suelen formarse en el simbolismo de los objetos, los animales, las flores, los pájaros, los peces, etc. Pero si usted desea ser más perspicaz, busque arte que muestre la fuerza del chi, lo cual se distingue en el modo de dar las pinceladas o en su buena caligrafía, lo que en feng shui incrementa considerablemente su valor.

PINTURAS QUE ATRAEN LA RIQUEZA

Hay otra obra del mismo artista que representa la leyenda del sapo que tenía tres patas. Se trata de un relato muy conocido entre las personas de negocios familiarizadas con el simbolismo de esta humilde criatura a la hora de atraer la riqueza. Aquí, las monedas simbolizan oro, y se usan para hacer salir al sapo, el cual, según se dice, es la esposa de uno de los Ocho Inmortales, que fue castigada por haber robado el Melocotón de la Inmortalidad.

La leyenda del sapo de tres patas ha convertido a éste en una pieza favorita universalmente entre otros muchos símbolos de riqueza. Los chinos creen que con el mero hecho de poner esta criatura en casa se atraerán las oportunidades de ganar dinero.

Coloque esta pintura en el cuarto de estar, y los sapos debajo de los sofás y sobre estanterías bajas que miren hacia la puerta, pero no enfrente de la entrada principal.

IZQUIERDA. Ésta es una pintura que muestra al sapo de tres patas tentado para que salga, como modo de atraer la riqueza. Es una imagen famosa que colocar en casa para tener suerte en la prosperidad.

ENFRENTE. Se ve a Kuan Kung, con aspecto majestuoso y triunfante. Los chinos sienten una afición especial por Kuan Kung, pues personifica la victoria en la competencia en los negocios.

Kuan Kung

Los entusiastas del feng shui están de acuerdo en que la deidad protectora más popular y universalmente reconocida para tener en casa y en la oficina es Kuan Kung, que es al mismo tiempo el Dios de la Guerra y el Dios de la Riqueza. La policía y las tríadas de Hong Kong acuden a esta poderosa deidad en busca de protección, y los ejecutivos que llevan a cabo acuerdos de fusiones de empresas siempre tienen cerca esta imagen para asegurarse la victoria en el sumamente competitivo mundo de los negocios.

También los políticos creen en Kuan Kung. El mero hecho de tenerlo en el despacho, sobre todo cuando está colocado estratégicamente detrás de uno, garantiza la retención del poder y del estatus.

Se cree que Kuan Kung, representado con los nueve dragones, es una imagen aún más favorable y poderosa. El Kuan Kung que usted escoja dependerá de la clase de suerte que desee simbolizar. La idea es simbolizar la victoria frente a la competencia. Eso le ayudará a superar los obstáculos que pueda encontrar para lograr la prosperidad.

ARTE PARA ATRAER LA SUERTE EN EL ROMANCE

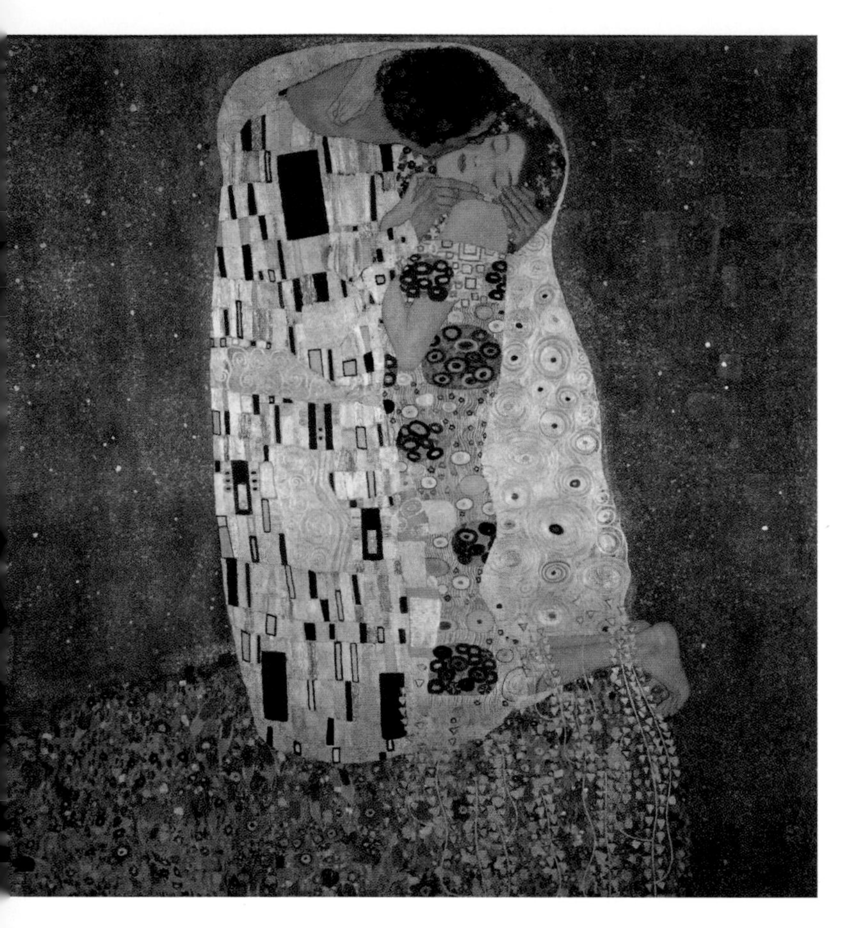

ARRIBA. El famoso cuadro de Gustav Klimt titulado *El beso* es una imagen excelente para atraer el amor, sobre todo cuando se cuelga en el dormitorio.

Si desea atraer el amor a su vida, ponga arte romántico en su hogar. Puede optar por las imágenes tradicionales de patos mandarines, de la doble felicidad, del dragón y del fénix, o bien por algo menos esotérico y menos chino, algo occidental.

Existen muchas obras de arte sumamente románticas, pintadas por leyendas como el artista austríaco Gustav Klimt. Su cuadro titulado *El beso*, que se reproduce aquí, es probablemente la representación de amor más universalmente conocida. Cuelgue esta obra en su dormitorio. También hay otras esculturas y pinturas europeas muy bellas que envían potentes vibraciones amorosas.

Ponga siempre el símbolo del amor en el rincón que beneficie al romance, que es el lado suroeste del dormitorio o del cuarto de estar.

También tiene otras dos alternativas:

1 Su dirección nien yen según la fórmula de las Ocho Mansiones, porque ésta es su dirección personal para el romance, o bien

2 La dirección que indique su estatus en la familia. Es decir: el sureste si es usted la hija mayor o la única, el oeste si es la hija menor, y el sur si es la hija mediana. Para los chicos, es el este si es el hijo mayor, el noreste si es el más pequeño y el norte si es el mediano.

También puede, si así lo desea, activar todas las paredes y habitaciones de su hogar que beneficien directamente su vida amorosa. Hágalo si se siente desesperado por encontrar a alguien; pero si está tan desesperado, yo le sugiero encarecidamente que ponga la imagen de la doble felicidad, el par de patos mandarines o el dragón/fénix, ya sea como una joya para llevar encima o como una pieza decorativa que colgar en la pared que corresponda al romance, o al lado de su cama.

Retire todas las imágenes de animales o personas que muestren soledad. Tener las cosas por pares atraerá la energía chi de una pareja. Si es usted mujer, busque imágenes de hombres, y si es hombre ponga imágenes de mujeres. Es realmente importante equilibrar la energía yin y yang de la casa, si desea atraer un cónyuge.

EL ARTE EN LAS HABITACIONES DE LOS NIÑOS

El mejor arte que poner en los dormitorios de los niños sería el que guardase relación con sus estudios o con la adquisición de habilidades para la vida, e imágenes que atraigan el reconocimiento a sus esfuerzos. Esto quiere decir que en las habitaciones de los niños ha de haber imágenes e intensificadores del feng shui que les ayuden a obtener resultados académicos excelentes e importantes honores en los estudios. Así pues, las imágenes de la puerta del dragón, que muestra la carpa saltando por encima de ella (véase la página 55), tres carpas sosteniendo un globo de cristal, o el pescador enseñando a un niño a ganarse la vida, son imágenes artísticas adecuadas para la habitación de un niño.

La pintura del pescador (derecha) resulta ideal para el dormitorio de un niño. Su significado es a la vez simple y profundo; simple en el sentido de ganarse la vida, profundo en que el aprendizaje siempre es superior a que a uno le den de comer.

Sus hijos también se beneficiarán de un cuadro alegre de caballos. El caballo es un símbolo de valor, velocidad y perseverancia, y representa la exuberancia de la juventud y el carácter aventurero de su joven hijo. El color del caballo también tiene su significado en feng shui: si es blanco significa alegría y cualidades de líder; si es negro representa la riqueza, y si es castaño significa reconocimiento.

Cuando observe cuadros de caballos, busque siempre los que tengan una expresión de valentía. No ponga nunca pinturas de caballos que parezcan asustados o estén huyendo de un enemigo. Los caballos retozones son caballos felices, pero los caballos en estampida son animales asustados. Las imágenes que cuelgue en el dormitorio de sus hijos deben irradiar seguridad y valor, y por lo tanto actuar como una constante inspiración para ellos.

IZQUIERDA. En los dormitorios de los niños es mejor no colgar carteles de armas de guerra, animales salvajes o criaturas que den miedo, aunque sólo sean carteles de cine. Lo mejor es algo que tenga un mensaje del que los niños puedan aprender. Este cuadro de un hombre pescando sugiere aprender una habilidad y ganarse la vida.

CÓMO TRATAR CON UN CHI DESFAVORABLE

Los hogares poseen una energía intangible y sutil, creada por influencias tales como el espíritu interno de la casa, su pasado oculto, la energía residual de anteriores ocupantes, o simplemente la inherente energía terrenal del espacio sobre el que se construyó la casa. En ocasiones, los hogares se ven afligidos por la energía que aportan las entidades espirituales procedentes de otros mundos. Cuando el chi es positivo y saludable, trae buena suerte. Cuando se vuelve negativo, enfermo, y se estanca y se enrancia, trae mala suerte y desastres. El chi negativo crea obstáculos que impiden el flujo armonioso del mismo.

El chi negativo puede ser resultado de toda una serie de factores. Los hogares que sufren años de descuido y están sucios y atestados contienen un chi negativo. Los hogares que han visto enfermedades, pérdidas, infelicidad, violencia, cólera y suicidio sufren por la energía residual que han dejado esas situaciones negativas. El chi negativo debe eliminarse, limpiarse y purificarse.

Este capítulo trata del chi negativo, de mal augurio. La limpieza regular del espacio crea una potente energía curativa allí donde tal vez ha habido enfermedad, trae una increíble armonía allí donde tal vez haya habido discordia, y devuelve fuerzas renovadas allí donde ha habido debilidad. La mala suerte cesa, y la buena fluye de nuevo al interior del hogar libre de impedimentos.

EL CHI NEGATIVO DE LOS VECINOS

ABAJO. Esta zona de estar tiene un espejo redondo en el que se refleja otra habitación. Siempre se ha de tener cuidado con los espejos. Asegúrese de que no reflejen la casa de un vecino si dicho vecino no es amistoso, ya que ello atrae un chi hostil.

Por desgracia, el chi negativo puede provenir de los vecinos. Cuando éstos son amistosos, su energía es reforzante; pero cuando las vibraciones son hostiles, la energía puede ser dañina. Cuando los vecinos envían un chi intimidatorio de manera continua, sin duda usted sucumbirá a menos que sintonice con ella, la reconozca por lo que es y haga algo para disolverla.

El chi hostil pero inofensivo en forma de chismorreos frívolos y envidias breves puede disiparse con facilidad valiéndose de su propia energía, más fuerte, para ignorarlo. Si el chi es simplemente molesto, como cuando el vecino tiene una casa llena de niños bulliciosos que perturban su sueño o le rompen cosas, simplemente ponga una urna de agua quieta (yin) al costado de su casa. La urna debe tener una boca ancha y un fondo estrecho. Introduzca una luz en el agua y trate también de crear vida, con una planta o unos cuantos pececillos, para atraer energía yang. Eso empapará eficazmente todos los ruidos molestos y creará un vehículo de absorción invisible.

Cuando la energía que usted recibe viene llena de celos venenosos, odio y habladurías malévolas, tal vez quiera pensar en la posibilidad de contrarrestarla con medidas más contundentes. Una manera excelente de protegerse de verse perjudicado por esa clase de energía asesina motivada por el odio consiste en usar un espejo redondo que refleje todo lo negativo que se le envía a usted. No obstante, cerciórese de que dicho espejo no refleje de hecho la casa de un vecino hostil.

LA ENERGÍA DE ANTIGUOS RESIDENTES

Antes de comprar o alquilar una propiedad donde vivir, pregunte por la historia y el pasado de los antiguos ocupantes. El chi negativo tiende a permanecer a menos que se limpie y se disipe.

ARRIBA. El cuenco cantarín es un modo excelente de limpiar la mala energía residual. Pero tenga en cuenta que los cuencos cantarines nunca deben caerse al suelo, pues quedarán inservibles para limpiar espacios.

Puede que haya quedado chi negativo de ocupantes cuyas vidas se vieron consumidas por la ira, la amargura y la violencia. Estas fuertes emociones a veces se quedan tan adheridas que no hay limpieza ni reforma que pueda eliminarlas. Las enfermedades terminales también tienden a generar un chi muy pegajoso.

Por suerte, existen técnicas de purificación y curas para limpiar los espacios, entre ellas el uso de objetos metálicos como campanas, címbalos y cuencos cantarines, para crear sonidos que absorban el chi negativo. Los armónicos de metal contra metal pueden ser muy poderosos. Los mejores son los que están hechos de siete clases de metal, que representan los siete chakras del cuerpo humano y los siete planetas que afectan a la energía de nuestro mundo.

Probablemente, la forma más fácil de eliminar la energía consiste en usar las campanas limpiadoras de espacios. Éstas suelen estar hechas a mano y vienen con un mazo de madera o con un badajo dentro. Haga sonar la campana de forma rítmica para que se oigan con claridad los armónicos y recorra tres veces las habitaciones en el sentido de las agujas del reloj. El sonido se va haciendo más claro y más puro conforme la energía va aligerándose y limpiándose.

Aún más eficaz es un cuenco cantarín, porque la energía negativa penetra en el cuenco y luego se transforma en chi positivo. El cuenco cantarín posee maravillosos armónicos.

Ponga el cuenco cantarín sobre un cojín blando en la palma de la mano —eso creará mejores armónicos— y golpéelo tres veces para «despertarlo». Acto seguido, dé tres vueltas a la habitación en el sentido de las agujas del reloj. Siga golpeando el cuenco, o frotando el borde con un mazo de madera, permitiendo que el sonido permanezca el mayor tiempo posible. Conforme se vaya despejando la energía del espacio, los sonidos se harán también más puros.

Los cuencos cantarines están hechos a mano, de modo que cada uno es diferente. Usted ha de desarrollar una sensibilidad concreta para el cuenco y sintonizar con sus armónicos para ver si éste tiene afinidad con usted. Nunca permita que el cuenco caiga sobre una superficie dura, pues ello destruirá al instante sus poderes limpiadores. Un cuenco que ha sido utilizado a lo largo de los años se vuelve cada vez más eficiente para limpiar su espacio.

ÁREAS PROBLEMÁTICAS

El reto del feng shui consiste en ser sensible a las estructuras, tales como vigas, pilares y esquinas salientes que puedan perjudicar al interior de la casa, y en saber cómo hacerles frente.

FLECHAS ENVENENADAS

La presencia de chi negativo en el interior de los hogares suele provenir de esquinas sobresalientes y vigas del techo a la vista. Las vigas estructurales crean el chi más hostil de todos. Si tiene vigas a la vista, procure no sentarse nunca debajo. Tampoco debe sentarse en la línea del chi hostil procedente de una esquina saliente. Trate de distribuir los muebles de forma que las vigas y las esquinas no queden frente a zonas donde uno duerme o se sienta. El efecto negativo suele presentarse en forma de enfermedad.

Las personas mayores y frágiles corren un riesgo especial. Sus camas nunca deben estar situadas bajo dichos elementos. Si le resulta imposible moverse a otro sitio, cuelgue bambú atado con cuerda roja o dos flautas con la boquilla hacia abajo, en una configuración que represente una A, para reducir los efectos nocivos. Si desea mejorar el diseño de su casa con vigas o líneas decorativas en el techo, añádales símbolos favorables, como el trigrama Chien, que comprende tres líneas rectas.

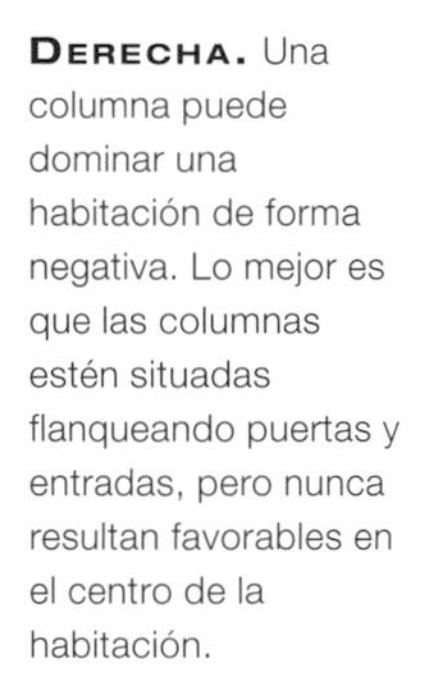

DERECHA. Una columna puede dominar una habitación de forma negativa. Lo mejor es que las columnas estén situadas flanqueando puertas y entradas, pero nunca resultan favorables en el centro de la habitación.

COLUMNAS Y ESQUINAS

Por regla general, las columnas redondas son preferibles a las cuadradas. Las redondas significan que el chi se mueve hacia arriba y traen la promesa de abundancia. En los hogares modernos, las columnas altas y redondas pueden transformar una casa en un palacio, y por lo tanto crear el chi de la abundancia y la prosperidad.

Con todo, es importante no excederse con la presencia de pilares que se elevan hacia lo alto. Cuando hay demasiados, algo que es favorable puede transformarse en un exceso de energía yin. También está la cuestión del equilibrio.

Si su hogar es modesto, cerciórese de que el tamaño y la altura de las columnas se mezclan de forma armoniosa. Nunca permita que las columnas dominen su espacio ni la entrada. Cuando se pierde el equilibrio, el chi ya no está en armonía.

REFLEJOS EN LOS ESPEJOS

Los espejos son potentes herramientas de feng shui, ya que pueden obrar maravillas para doblar la riqueza, la buena suerte y la felicidad. Pero los espejos también pueden traer desastres si los colocamos sin darnos cuenta en lugares inadecuados. Que los espejos traigan buena o mala suerte depende de lo que reflejen. Así pues, los espejos del interior del hogar nunca deben reflejar nada que sugiera que la riqueza fluye hacia fuera ni que entra un peligro en la casa.

IZQUIERDA. Un espejo que refleja una mesa de comedor se dice que es beneficioso, pues refleja la comida que está en la mesa. Esto no debe confundirse con los espejos que reflejan la comida que se está cocinando, lo cual sería poco favorable.

- Los espejos que reflejan la puerta principal hacen que entren la riqueza y la buena suerte y que después vuelvan a salir al instante, pues refleja el exterior de la casa cada vez que se abre la puerta.

- Los espejos que reflejan la cama hacen que en el matrimonio sobre gente. Los maestros de feng shui advierten contra el hecho de que los espejos que duplican la energía yin del dormitorio y crean problemas de sueño. Los espejos que reflejan a una pareja dormida pueden hacer que uno de los dos tenga una aventura sexual fuera del matrimonio. Un espejo que refleje tanto la puerta como la cama es doblemente nocivo.

- Los espejos que reflejan la cocina o el horno también son perniciosos. A mí me han advertido de esto durante toda la vida. Es peligroso reflejar una llama desnuda, pues es causa de accidentes. Reflejar la comida que se cocina no es igual que reflejar la comida que se sirve en el comedor, lo cual es muy favorable.

INFORTUNIOS EN LA COCINA

Aunque la cocina se beneficie de un tratamiento con feng shui, no hay necesidad de activar el chi en ella. Lo más importante es tener en cuenta los tabúes feng shui.

Son los siguientes:

■ No cuelgue en la cocina retratos de familiares, espejos ni animales feroces. Aquí la energía de fuego es demasiado fuerte, y si se intensifica puede afligir gravemente a los miembros de la familia. Tampoco se deben poner imágenes de animales, ya que en feng shui el reino animal por lo general ofrece imágenes protectoras. Colocarlos cerca del fuego causa una perturbación de tipo áurico en el hogar, y la energía generada en la cocina puede volverse dañina.

■ No ponga en la cocina un juego de colores que esté dominado por el rojo. Ya hay bastante fuego, y un exceso del mismo puede suponer un peligro. La excesiva energía yang siempre plantea un peligro real, así que utilice más bien colores pastel.

■ Procure situar la dirección para cocinar de modo que el cocinero no esté de espaldas a la puerta. Esto trae mala suerte a la cocina.

■ Procure no situar la cocina en el centro de la casa. Nunca se recomienda tener fuego en el corazón del hogar. Si su cocina se encuentra en el centro de la casa, intente cocinar con la llama reducida al mínimo; esto disminuye el peligro de que el fuego se descontrole.

DERECHA. El uso de «isletas» en la cocina es un modo excelente de garantizar un buen flujo de chi.

RETRETES INCÓMODOS

Los retretes y cuartos de baño tienden a ser lugares en los que se crea y acumula mal chi. Cada una de las ocho direcciones Pa Kua superpuesta a un espacio donde se vive indica una clase de suerte concreta que se ve afligida si se coloca ahí un retrete o un cuarto de baño. Tome nota de los siguientes remedios y curas:

- Un retrete situado en el sur ocasiona daños a su reputación, le hace impopular, y cuando se combina con otras indicaciones negativas puede incluso dar lugar a problemas jurídicos y prisión. Ponga una jarra o una urna de agua quieta (yin) para contrarrestar esta influencia.

- Un retrete en el norte aflige a la profesión y ralentiza nuestra movilidad hacia arriba. Una planta servirá para contrarrestar el chi afligido aquí.

- Un retrete en el este aflije la salud y limita el crecimiento. Coloque una lámpara roja o, mejor, cuelgue un cuchillo curvado de unos 7,5 cm, para rebanar el chi afligido.

- Un retrete en el oeste aflige a la suerte de los descendientes y a los hijos. Ponga una lámpara roja o un cuenco de agua quieta (yin) para controlar el mal chi.

- Un retrete en el suroeste aflige al matrimonio y a las oportunidades de casarse. Supere esta aflicción con una planta o colgando unas campanitas de viento macizas de cinco varillas.

- Un retrete en el noreste aflige a la suerte en la educación y en los exámenes. Una planta se hará cargo de esa aflicción.

IZQUIERDA. Los retretes nunca deben activarse con símbolos favorables de buena fortuna. Han de ser pequeños y estar limpios y recogidos. Cuando estén situados en zonas o rincones de buena suerte, haga un esfuerzo para energizar el área de fuera del retrete para contrarrestar el efecto negativo del mismo.

- Un retrete en el sureste aflige la fortuna de la familia. Ponga un cuchillo pequeño y curvo o una luz brillante.

- Un retrete en el noroeste causa pérdida de suerte de los mecenas. También tiene un efecto negativo sobre la suerte del patriarca de la familia. La mejor manera de vencer esta aflicción es tener el retrete bien iluminado y poner en él una urna de agua.

También resulta desfavorable que los retretes den directamente a la puerta principal, o que tengan puertas a dormitorios y comedores. En una situación así, cuelgue un estor en la pared para bloquear visualmente el retrete. También es una buena solución poner un espejo en la puerta por fuera del retrete o pintar la habitación de rojo vivo; esto refuerza el chi yang. Si hay un retrete en la planta de arriba situado encima de la puerta principal, mantenga bien iluminado el vestíbulo de la entrada o el comedor; ello tiene el efecto de empujar hacia arriba el chi.

HABITACIONES DE FORMAS IRREGULARES

Las habitaciones cuadradas y de formas regulares sugieren un feng shui equilibrado y son fáciles de mejorar. Por otra parte, las de formas irregulares ofrecen algún que otro reto. No sólo son habitaciones desequilibradas y a las que les faltan rincones, sino que también son difíciles de valorar y mejorar. Resulta difícil superponer la cuadrícula Lo Shu a habitaciones de formas irregulares, y por lo tanto cuesta un poco realizar valoraciones de feng shui de Estrella Voladora en dicho espacio. También cuesta más usar las ocho direcciones Pa Kua para identificar los rincones favorables y desfavorables.

ABAJO. Los dormitorios triangulares plantean un desafío. Use muebles para acordonar los rincones malos y hacer que la estancia parezca más simétrica.

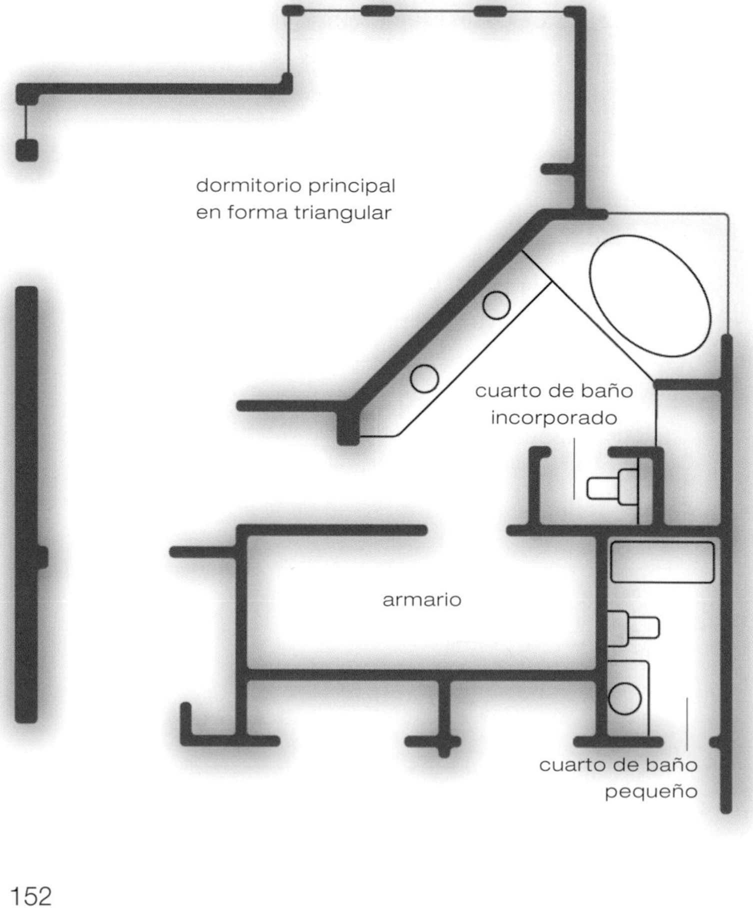

Habitaciones en forma de L

Las habitaciones irregulares más comunes son las que tienen forma de L, y suelen ser dormitorios que cuentan con un cuarto de baño incorporado. Estas habitaciones en L son fáciles de corregir, pues lo único que se necesita es colocar algún tipo de barrera —un biombo, un aparador, una cortina— para crear una separación visual. Esto tiene el efecto de demarcar la zona de dormir, y así resulta fácil colocar la cama y otros muebles. Si en el rincón que falta a la habitación se encuentra el cuarto de baño, al introducir la cura adecuada para el baño (véase la página 151) se vuelve a equilibrar esa zona.

Habitaciones de forma triangular

En la ilustración de abajo, la colocación de la cama va a resultar un problema, debido a la posición de las dos puertas en el dormitorio. Si se pone la cama contra la pared, la cual tiene lavabos al otro lado, se creará un feng shui horrible para las personas que duerman en ella. Aquí, lo mejor es cerrar una de las puertas, tal vez la que da a la terraza, para que la cama pueda colocarse contra dicha pared.

Las habitaciones triangulares son muy inadecuadas para despacho y dormitorio. Sería aconsejable buscar otra habitación para trabajar o dormir. Si usted no tiene otra alternativa, la manera de tratar dichas habitaciones consiste en usar muebles o cortinas para acordonar un rincón, que luego podrá utilizar para guardar ropa, maletas y cosas así. Esto sirve para demarcar el área, visual y mentalmente. Después puede tratar el espacio que queda como una habitación de forma regular.

ESPACIOS APRETADOS Y PASILLOS ESTRECHOS

Dos de las cosas más importantes que hay que observar en el feng shui de interiores son los rincones oscuros y los espacios apretados. La razón es que el chi estancado va acumulándose y eso crea una energía rancia que puede causar malestar, letargo, fatiga y apatía general. Los espacios apretados sugieren que la vida no fluye con libertad; el chi se estanca.

Los espacios apretados son resultado de techos bajos y habitaciones pequeñas. Los pasillos estrechos y las escaleras angostas también son causa de esta aflicción. En la distribución del apartamento que se muestra aquí, el pasillo que une el vestíbulo con los dormitorios es demasiado estrecho, así que ese chi tiende a estancarse ahí a menos que dicho pasillo se mantenga muy bien iluminado en todo momento. Dado que los pasillos son conductos del chi, no debemos ignorarlos. También es buena idea colgar cuadros bonitos e incluso un espejo de pared para aumentar el espacio visualmente. Las escaleras estrechas pueden mejorarse de modo similar.

Los mejores antídotos para los espacios apretados son la limpieza, la pintura blanca y las luces. Si los hay, organice una limpieza general de ese espacio. Si hay un rincón que da la sensación de rancio y «muerto», revitalícelo con sonidos y con incienso para que el chi cobre vida de nuevo. Luego píntelo, mejor de blanco, pues es un color yang muy fuerte que complementa a todos los demás colores. La energía mejora casi al momento. Para asegurarse de que los espacios pequeños nunca den la sensación de estrechez, instale luces suaves y cálidas que mejorarán aún más el flujo de energía. Si es necesario, mantenga dichas luces encendidas todo el día, pues así mejorará el flujo del chi.

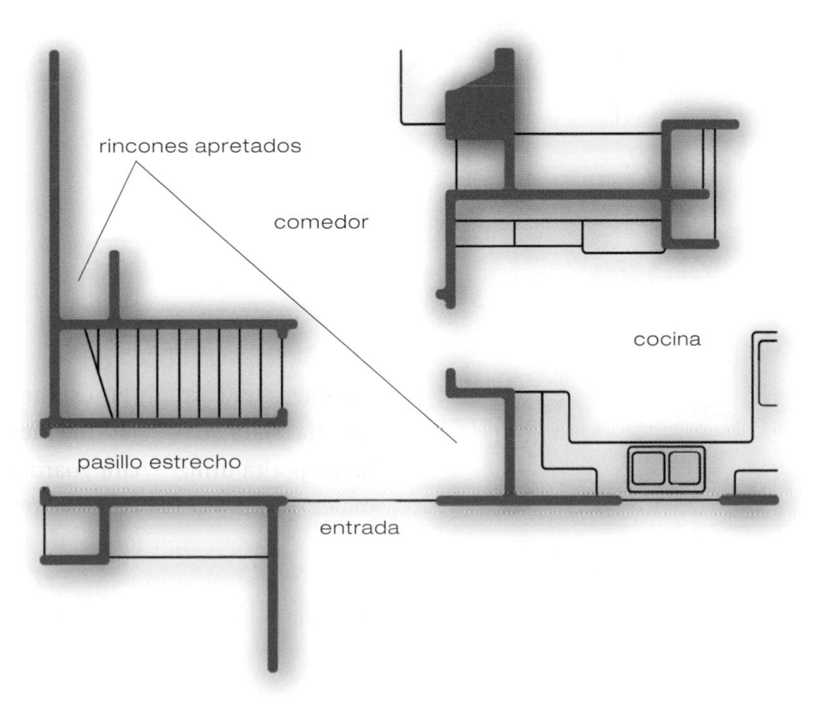

IZQUIERDA. Use armarios empotrados para cerrar los rincones pequeños. Si no, se acumulará en ellos el chi rancio.

SUGERENCIAS PARA ESCALERAS

La escalera de su casa o apartamento es básicamente un conducto del chi. Es donde el chi se desplaza de un nivel de la casa a otro. Cuando la escalera tiene un buen feng shui, distribuye buena suerte al resto de la vivienda. Cuando tiene fallos desde el punto de vista del feng shui, esparce energía dañina que causa enfermedad, robos y pérdidas. Una escalera que conduce un chi afligido es realmente mal asunto.

ABAJO. Lo mejor es que las escaleras describan una amplia curva, aunque no deben parecer un sacacorchos.

Existen varias maneras de evaluar la escalera. Procure incorporar las pautas generales que aseguran un buen feng shui en la escalera. Para ello se requiere un buen diseño y posición de la misma. El primero depende de la escuela de diseño, mientras que la segunda se evalúa empleando el gráfico de Estrella Voladora de la casa o las ocho direcciones Pa Kua.

- Las escaleras nunca deben estar de frente a una puerta. Si la suya mira directamente a la entrada principal de su casa, ponga un biombo o algo que divida el espacio entre la escalera y la puerta. Si no puede hacer eso, pruebe a girar los tres últimos peldaños de la escalera, y si tampoco puede, instale una lámpara muy complicada y brillante en el espacio que queda en medio; eso hará que el chi que entra en la casa disminuya de velocidad antes de subir por la escalera. Lo mejor para este fin es una araña de cristal. En la planta de arriba debe observar la misma norma. Procure que el final de la escalera no quede directamente enfrente de la puerta del dormitorio. Si es así, una vez más, una luz brillante instalada ahí remediará la situación.

■ Las escaleras no deben tener «huecos» en los peldaños. Eso sugiere una «fuga» en la riqueza. Merece la pena cerrar los huecos con alfombra o madera. Cuando la escalera tiene un aspecto sólido, el flujo de chi entre los diferentes niveles también es firme y fuerte. Las escaleras de madera simbolizan crecimiento y deben preferirse a otras.

■ Las escaleras en curva son las mejores. Las que describen una curva amplia son las que mejor conducen un flujo de chi favorable. Las de caracol no son iguales que las curvas, y no están aconsejadas para interiores, pero si a usted le gusta una escalera de caracol mejor que sea de madera. Las escaleras rectas y pendientes hacen que el chi se mueva demasiado deprisa. Cuando se tiene una escalera recta y muy pendiente, resulta menos dañino situarla a un costado de la casa. Cuando está en el centro de la vivienda, puede ser causa de aflicciones graves, como pérdidas y enfermedad.

PROTECCIÓN DE LA ESCALERA

Las escaleras que son excesivamente estrechas es mejor iluminarlas durante todo el día. Al igual que los pasillos, las escaleras son conductos del chi, de modo que siempre es buena idea mantenerlas luminosas y atrayentes. Además, también es una excelente idea crear protecciones de modo que la energía mala no suba por ellas en dirección a los dormitorios de la casa.

■ La mejor manera de garantizar esto es colgar una imagen «protectora». Los chinos creen en imágenes protectoras, como Chung Kwei y Kuan Kung. Pueden colgarse pinturas de estas deidades en la base de las escaleras para crear allí un chi protector.

■ Otro método consiste en poner dos imágenes pequeñas de Chi Lin o perros Fu a uno y otro lado de la escalera. Un tercer método es tener una luz muy brillante al pie de la escalera para que el chi de la buena suerte se sienta tentado a subir por ella.

■ Procure no tener vacíos los espacios que quedan bajo la escalera. Deles una utilidad convirtiéndolos en una zona para guardar cosas, pero nunca cosas que representen la riqueza de la familia. Tampoco debe poner ahí libros de texto, pues pisaría algo que simboliza sus propias aspiraciones.

■ El agua debajo de la escalera perjudica a la segunda generación, así que no ponga ahí ningún elemento acuático ni un estanque decorativo, porque afligirá el éxito potencial de sus hijos.

■ Las escaleras pueden ser de madera, metal u hormigón para simular estos tres sólidos elementos. Al elegir su escalera, use el ciclo productivo de la teoría de los cinco elementos. Una escalera de madera funciona mejor cuando se encuentra en el sur, y las de metal están mejor en el norte, mientras que las de hormigón funcionan mejor en el oeste y el noroeste.

■ Procure no tener escaleras en el centro de la casa ni demasiado cerca del mismo, ni tampoco apuntando directamente a la puerta de entrada.

ARRIBA. Las escaleras estrechas y apretadas no favorecen el flujo del chi. Siempre que le sea posible, tenga una escalera ancha.

CUANDO HAY ENFERMEDAD...

Según el feng shui, cuando ataca una enfermedad grave, a menudo se debe a estrellas de enfermedad. Éstas pueden afectar a los niños de la familia menores de doce años o a personas mayores, que son más vulnerables y sensibles a los cambios de energía. Cuando la familia cae enferma, los mejores remedios son la cura con metal y sobre todo el sonido del metal.

Los cuencos cantarines crean una poderosa resonancia metálica que resulta increíblemente eficiente para absorber el chi de enfermedad que hay en la casa. De igual modo que con la limpieza del espacio (véase la página 147), debe dar tres vueltas a la habitación en el sentido de las agujas del reloj, golpeando el cuenco o frotando sus bordes con un mazo de madera. Eso hará que el cuenco cante, y se limpie el aire del chi de enfermedad.

Para ocuparse de las Estrellas Voladoras causantes de enfermedad también puede colgar campanitas de viento metálicas de seis varillas. Tal como vimos en la página 94, en el sistema de Estrella Voladora del feng shui hay varias combinaciones de números que indican la presencia de energía causante de enfermedad.

Como medida urgente, los cuencos cantarines y las campanitas de viento metálicas son una cura excelente aunque usted no conozca el feng shui de Estrella Voladora. Sin embargo, es aconsejable investigar más y ver si puede poner en práctica también una cura a largo plazo. Las estrellas de enfermedad son de elemento tierra, y la energía metálica las debilita.

Otra manera de controlar las estrellas de enfermedad es pintar las paredes de color blanco puro. Pocas personas son conscientes del inmenso poder del blanco. Es el color del metal, pero también es el color que contiene los siete colores del arco iris, lo cual le proporciona una gran potencia. Así que cuando una persona enferma, resulta excelente situarla en una habitación de paredes blancas.

Las flores blancas o azules también son las mejores que se puede enviar para desear a alguien que se recupere. Absténgase de enviar flores rojas a un enfermo, y nunca envíe rojas mezcladas con blancas.

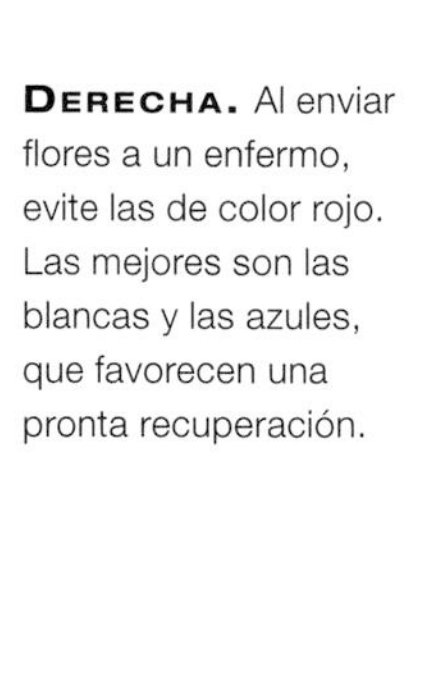

DERECHA. Al enviar flores a un enfermo, evite las de color rojo. Las mejores son las blancas y las azules, que favorecen una pronta recuperación.

EL AGUA DE SOL ELIMINA LAS VIBRACIONES DE LA MUERTE

Cuando se ha producido una muerte en la familia, es muy reenergizante llevar a cabo un ritual de limpieza con campanas e incienso. Para completar dicho ritual, es una buena idea acompañarlo después del séptimo día con una limpieza profunda con agua de sol.

Se cree que al séptimo día el alma de la persona que ha fallecido habrá abandonado la casa y habrá entrado en lo que se conoce como el estado de *bardo*, un estado intermedio entre la muerte y la resurrección. Al 49º día el alma habrá renacido o se habrá marchado a la tierra pura. Estas creencias tradicionales forman parte de la tradición espiritual de China y de otros muchos países asiáticos. Los rituales y las prácticas asociados con los tres acontecimientos más importantes de la vida —nacimiento, casamiento y muerte— se basan en dichas creencias. Después de la muerte hay siempre una limpieza simbólica para ayudar al alma a seguir su camino. El espacio que queda atrás también debe llenarse de energía yang viva para beneficiar a los vivos.

El agua de sol es agua que ha estado expuesta al sol matinal durante tres horas por lo menos. A los chinos les gusta tener urnas llenas de agua para que absorba la energía del sol, de la luna, del viento y del aire, así como de la lluvia. En los tiempos modernos, cuando obtenemos agua del grifo, dejarla un rato al aire libre es una buena forma de que se evaporen los productos químicos nocivos, como el cloro.

IZQUIERDA. Ponga un recipiente con agua al sol durante tres horas para que absorba energía solar. Al limpiar la casa con esa agua se revitalizará la energía estancada.

Cuando limpie la casa con agua de sol, asegúrese de que el suelo esté cubierto de agua. No obstante, esto sirve sólo para el piso de abajo de los hogares. El agua reforzada por el sol se filtra al sótano de la casa revitalizándolo y limpiándolo de toda energía muerta residual. Si usted vive en un piso, no podrá llevar a cabo este ritual, pues no sería eficaz. En este caso, utilice un paño húmedo mojado y escurrido con agua de sol y páselo por el suelo y la superficie de las mesas. Esto servirá para regenerar simbólicamente la energía.

PURIFICAR CON HUMO FRAGANTE

El uso de aromas para revitalizar la energía espacial ha sido universalmente aceptado por las culturas de muchas tradiciones, y en tiempos recientes ha vuelto a cobrar popularidad.

DERECHA. El humo de incienso y el humo fragante tienen el poder de deshacer el chi negativo. Úselos con regularidad para limpiar su espacio.

Al trabajar con la energía, entenderá que los aromas traspasan la conciencia del espacio. Esto contribuye a aligerarlo y por lo tanto a disolver la energía negativa y hostil. Los aromas a utilizar dependen de las preferencias personales, pero unos son más potentes que otros.

El sándalo es particularmente útil para este fin. También es un aroma muy espiritual, y su madera es muy respetada en China y en India. Absorbe la energía negativa que se pega a las superficies, la ropa, las paredes, los suelos y hasta el aire. Si está enfermo, tiene la nariz taponada o ha pillado la gripe, prenda un palito de incienso de sándalo y al instante se sentirá rodeado de una aura de energía curativa. También la lavanda es muy útil para reducir la pesadez del aire. Dicen que saca el espíritu creativo de nuestra conciencia y es especialmente maravillosa para trascender a otras dimensiones de la conciencia mediante la terapia de la meditación.

Hoy en día, la aromaterapia se mezcla fácilmente con muchos rituales de feng shui. La liberación de aromas naturales en el espacio mediante la combustión de incienso invoca unos sutiles campos de energía, y son éstos los que determinan la calidad del chi en cualquier espacio. Yo estoy convencida de que los aceites fragantes y aromáticos poseen un tremendo poder curativo.

Cuando use incienso para crear un humo fragante y sagrado, comience por generar una mente serena y una buena motivación, que habrá de mantener la ligereza de la energía del espacio y por lo tanto mantener a raya la desgracia y la enfermedad. Abra puertas y ventanas para dejar entrar vientos nuevos, y después lleve a cabo el ritual del humo sagrado empleando incienso fragante o palitos aromáticos y dejando que el humo se disipe por las habitaciones de la casa. Use platos para quemar incienso y cuencos de metal decorados con símbolos auspiciosos, como el protector conocido como Pi Yao o un quemador en forma de loto. Yo utilizo los nueve dragones para crear el chi del valor y la fuerza, y el loto cuando deseo generar un ambiente más refinado.

EL SONIDO YANG ES UNA BUENA TERAPIA

La energía de los hogares cobra vida al usar la terapia del sonido: música, gente, niños, animales domésticos, campanitas de viento, campanas y cuencos, tambores y címbalos.

Todas las tradiciones utilizan tañidos y sonidos rítmicos de diversos instrumentos para aportar energía yang a un día especial, una celebración o una ocasión de alegría. La tradición china siempre utiliza sonidos: el estallido repentino de petardos que explotan en el Año Nuevo, el resonar de los tambores en las fiestas para traer los coloridos leones con su energía yang. También se utilizan mucho campanas y címbalos para despertar el chi de los espacios. Cuando las personas acaudaladas se meten en sus casas, llevan a cabo un ritual que siempre incluye tambores, campanas y címbalos. ¡Mejor aún son los leones que bailan y dan saltos alrededor!

ARRIBA. Durante las celebraciones chinas del Año Nuevo, se emplea el ruido de címbalos y tambores para despertar y energizar el chi que nos rodea.

En su hogar, puede hacer uso de la terapia del sonido a una escala menor. La energía del hogar no tiene por qué ser tan potente. Así pues, las campanitas de viento son una manera excelente de capturar los sonidos naturales de los vientos. Estas campanitas pueden ser metálicas, pero también pueden estar hechas de bambú. Los sonidos que emiten son muy distintos. Usted puede usar los dos tipos: de metal para el oeste y el noroeste de la casa y de bambú para los rincones tierra, el este y el sureste. La razón de esto es que los dos elementos que se resaltan aquí —la madera, que trae prosperidad, y el metal, que trae oro y éxito— son los más asociados con el éxito material.

Cuelgue esos intensificadores del sonido en los rincones de su casa, pero también deje entrar el sonido de la risa tan a menudo como le sea posible. El yang que procede de las personas felices es muy potente, de modo que no deje de invitar a sus amigos a pasar un buen rato; es mucho más poderoso de lo que usted se imagina. El uso conjunto de címbalos, tambores y unos cuantos leones rojos y dorados que dan alegres brincos crea una acumulación de chi yang de increíble poder.

CUANDO SE PRODUCE UNA SERIE DE ACCIDENTES

La energía negativa del hogar causa accidentes reconocibles: alguien que le da un golpe a su automóvil, dar marcha atrás y meterse en una alcantarilla, chocar con la cabeza contra una viga, tropezar y caerse al suelo.

ABAJO. Si usted está experimentando una racha de accidentes, pruebe a colgar unas pequeñas campanitas de viento metálicas de seis varillas por fuera de la puerta de entrada.

Cuando se experimenta una serie de pequeños accidentes como la que le está sucediendo a usted, puede que ocurra una de estas tres cosas en su hogar:

■ Podría ser que las Estrellas Voladoras anuales y mensuales hayan traído mala suerte a la puerta de su casa o al dormitorio que ocupa usted. Es buena idea comprobarlo si le es posible, antes de que suceda algo más serio. Por lo general, las estrellas 5 y 2, ya sea juntas o por separado, en el sector donde se encuentra la puerta principal, pueden causar un mes entero de mala suerte. Cuelgue unas pequeñas campanitas de viento metálicas de seis varillas cerca de la entrada y vea si cesan los accidentes o las enfermedades. Si es así, déjelas puestas unos 30 días y luego quítelas.

■ La entrada de la casa se está viendo afligida por una cantidad excesiva del elemento que destruye el de la entrada principal. Esta aflicción puede que también se dé en el dormitorio. Necesita familiarizarse con las direcciones de su casa y los elementos de cada parte de la misma. Entonces sabrá si existe un conflicto entre elementos. Por ejemplo, si de pronto decide poner un árbol en el rincón suroeste de la casa, de elemento tierra, y la puerta principal está situada allí, el chi de la puerta se anula. ¡Quite el árbol! Todo lo que ocurre en su entorno afecta al chi.

■ La entrada de la casa está gravemente bloqueada por cajas, muebles recién llegados, etc., y no se han retirado por diversas razones. Esto, a menos que se rectifique, puede causar una serie de desgracias, de modo que no deje nunca que se acumulen cajas sin abrir.

Si no logra encontrar nada que pueda estar causando los accidentes, tal vez sea que un miembro de la familia ha traído sin darse cuenta algo de «energía sucia». Siempre puede realizar los rituales de limpieza del espacio indicados en las páginas 156-158 y ver si eso remedia la situación. Deje el incienso ardiendo cada día dentro de un Pi Yao, pues el incienso activa esta criatura protectora.

CUANDO LAS RELACIONES SE TUERCEN

Si las cosas empiezan a irle mal en su interacción con las personas en el trabajo y en la vida social, puede sospechar que hay algo en la energía de su espacio que está ejerciendo un efecto negativo sobre su suerte en las relaciones.

Esto suele ser a causa de una aflicción en la energía de tierra de la casa, lo cual, a su vez, puede ser resultado del simple paso del tiempo (por lo tanto la causa podría ser la presencia de Estrellas Voladoras nocivas en su dormitorio o alrededor de la puerta de su casa) o de la colocación de plantas en un lugar inadecuado de la casa. Las plantas representan la energía de tierra, y colocadas en rincones de tierra (suroeste y noreste), agotan dicha energía.

A veces acumulamos trastos inservibles en rincones libres. Esto puede desencadenar ciertos efectos negativos y hacer que se manifiesten aflicciones del feng shui. La mayor vulnerabilidad tiene lugar cuando se ven afectados las puertas principales y los dormitorios. Compruebe que no haya nada que esté bloqueando el flujo del chi.

Si todo parece estar bien, es posible que la cosa tenga que ver con las Estrellas Voladoras. Para asegurarse, cuelgue unas pequeñas campanitas de viento metálicas cerca de la puerta y vea si mejoran las cosas. Si mejoran, está usted en el camino correcto, y colgar otro juego más de campanitas reforzará el remedio.

Las peleas y las discusiones son otra forma en la que puede manifestarse un feng shui afligido. Cuando marido y mujer pelean sin razón aparente, la causa suele estar en un dormitorio afligido por un número de Estrella Voladora pendenciero. El remedio más efectivo consiste en poner en el dormitorio algo de color rojo y dorado. Yo siempre tengo colgado algo rojo y dorado en esas habitaciones. Este remedio puede tomar la forma de un cuadro de patos mandarines y lotos, o pececillos y lotos, ya que éstos representan la pureza y el amor; junto con la suave sugestión del agua yin, esto apacigua la estrella pendenciera. Además, se debe reducir el nivel de ruido de las habitaciones en las que se reúne la familia, pues el ruido reactiva la estrella de la hostilidad.

IZQUIERDA. Un objeto rojo y dorado colocado en el dormitorio supera a las Estrellas Voladoras pendencieras que están causando problemas en sus relaciones.

CÓMO DISOLVER LA TENSIÓN Y LA CÓLERA

Una manera excelente de disolver la tensión y la cólera es poner seis bolas de cristal redondas en las zonas de la casa donde se reúne la familia, sobre todo en los rincones suroeste o noroeste. Esto sugiere suavidad en las relaciones. El número 6 representa el cielo, y las bolas de cristal indican una unión del cielo y los trigramas de tierra: Chien con Kun.

Un cristal natural de un punto, de gran tamaño, colocado en el centro de la casa con una luz que lo ilumine, reducirá todas las tensiones, y cualquier tendencia hacia la cólera, la violencia y la hostilidad se reducirá considerablemente.

Si el problema es una cólera continua que lleva a la violencia y discusiones a gritos, invierta en un jarrón para aplicar el remedio del agua yin. La palabra en chino que significa jarrón es *ping*, que quiere decir paz. Los jarrones sólo vierten su potente magia cuando se exhiben en hogares libres de cosas acumuladas y cuando están llenos de agua quieta (yin), que absorbe y diluye la ira.

Allanamientos de morada

Las casas que sufren el desagradable trauma que sigue a un allanamiento de morada necesitan limpiarse instantáneamente de esa energía negativa. Si su casa acaba de ser asaltada, utilice una mezcla de agua con sal y azafrán para limpiar todas las entradas y ventanas. Recorra tres veces las aberturas en la dirección de las agujas del reloj. A continuación, ponga una solución de agua con sal y azafrán a la entrada de la puerta y déjela ahí durante tres días. También debe mantener las luces encendidas al menos durante tres días.

Otra cura consiste en utilizar un cuenco cantarín para absorber la energía negativa residual. Un eficaz antídoto contra los robos es una escoba boca abajo colocada contra la pared que hay junto a la puerta. Se dice que esto ahuyenta el chi del robo. Los chinos creen también que un par de Chi Lin o leones flanqueando la puerta actúa como un potente disuasorio.

Problemas jurídicos

Se dice que el agua yin tiene el poder de absorber las vibraciones pendencieras que dan lugar a disputas legales. Retire de las inmediaciones de la puerta todas las campanitas de viento, relojes y demás objetos móviles. Ponga cerca de la puerta una imagen o una figura de un pájaro volando hacia el exterior, pues se cree que esto reduce el impacto negativo de las disputas legales y podría incluso solucionar el problema del todo. Las aves suelen ser símbolos excelentes para apaciguar, y también para evitar accidentes. Si usted está metido en un pleito, lleve encima pájaros en forma de joyas, preferiblemente que parezcan estar volando.

Habladurías

Si usted sufre chismorreos negativos en el trabajo y en su vida social, la mejor manera de limpiar esa energía negativa es valerse de sonidos para ahuyentar al diablo del chismorreo. Cuelgue un par de címbalos metálicos justo en la entrada de la casa, y anulará simbólicamente su efecto negativo.

También puede llevar puesto el nudo místico de color verde (jade que no tenga calidad de piedra preciosa) para poner fin a las habladurías ociosas relativas a su negocio, de oro para reducir todas las habladurías frívolas y de diamantes para contrarrestar los chismorreos que perjudiquen su carrera. También puede llevar cristales de colores para vencer las habladurías.

Celos

La imagen del gallo es la cura para los celos en el trabajo que llevan a chismorreos verdaderamente dañinos. Ponga un gallo blanco (o de color rojo y oro) sobre la mesa de su despacho y deje que él se ocupe de disipar todos sus problemas. El remedio del gallo es especialmente adecuado para las personas cuyo despacho está situado en rincones estrechos o que están sentadas en forma de «ciempiés», es decir, una mesa detrás de otra formando dos filas.

Para garantizarse una adecuada protección, ponga en casa un espejo de latón en la diagonal que va desde el rincón hasta la puerta principal. Los chinos también creen profundamente en el valor de llevar amuletos y talismanes (véase la página 178). Llevar encima el dragón, la tortuga, los Chi Lin o los símbolos místicos resulta excelente para eludir todas las flechas envenenadas que puedan enviarnos.

Las espadas de monedas, hechas con monedas chinas antiguas unidas entre sí con hilo rojo, se dice que cortan la energía negativa invisible con gran precisión, y los cuchillos en curva hechos de metal también son eficaces para despejar el espacio de cosas intangibles y negativas que puedan afectar nuestro bienestar.

ARRIBA. Los jarrones de porcelana blanca que tienen un suave acabado pueden ser un buen sustituto de las bolas de cristal. La superficie lisa crea suavidad en las relaciones y en el discurrir de los proyectos, al disolver los obstáculos.

EL FENG SHUI TAOÍSTA

El feng shui taoísta se ocupa del chi interno de los seres humanos, valiéndose de técnicas secretas que unen el cielo, la tierra y la humanidad para permitirnos conocer los cambios en el sutil chi. Dichos movimientos afectan a nuestro bienestar facilitando la comunicación directa con la naturaleza, así como con los vientos y las aguas. Nos permite leer señales de nuestro entorno y del reino de los animales, de los cambios en el clima, de las formaciones de nubes, de señales enviadas desde el cosmos; todo ello visto dentro del contexto del tiempo y el espacio.

El feng shui interior se ocupa de la meditación, la respiración y las visualizaciones para infundir un chi poderoso a la ropa y las joyas que llevamos, para así ayudarnos a transformar símbolos ordinarios de la naturaleza, del reino animal y de misteriosas tradiciones del pasado, en potentes amuletos y talismanes que, aunque confeccionados por el hombre, poseen un poder recibido del cielo.

SINTONIZAR CON EL UNIVERSO

El feng shui taoísta se centra en la misteriosa conexión existente entre el cuerpo humano y el chi cósmico del Universo. El feng shui taoísta es un feng shui interior, un conjunto de principios y prácticas que producen cambios en la conciencia que mejoran la forma en que interactuamos con el entorno. El hilo común que conecta al hombre y al entorno es el chi, la fuerza vital que describimos como energía.

El feng shui taoísta abarca todo el misterioso mundo del chi kung, que puede traducirse como la pericia de la energía. El chi kung (o qi gong) es el acto de abrir nuestro cuerpo y nuestra mente a los cambios del chi mediante movimientos físicos y posturas acompañados de respiración y visualizaciones. En un mayor nivel, incluyen las meditaciones.

DERECHA. Esta pintura representa a los Ocho Inmortales «cruzando las grandes aguas». Los Ocho Inmortales personifican todas las más elevadas manifestaciones del chi, y tener en casa sus imágenes simboliza el máximo de todo el chi benéfico.

Con años de práctica, la lectura y la percepción de la energía se convierte en una segunda naturaleza. El feng shui taoísta sintoniza con el chi para comprender cómo funciona el Universo y las manifestaciones del mismo.

Es esta percepción lo que da lugar a una comprensión del entorno, de la naturaleza y del efecto de ésta en el destino del hombre. Dicha comprensión puede resultar tan sorprendente en su veracidad, que a veces la consideramos magia taoísta. Y ello se remonta a la herencia chamánica de la China antigua. Nuestra cultura está llena de relatos de maestros celestiales que parecieron tener asombrosos poderes yóguicos: podían volar, estar en varios lugares a un tiempo, aparecer y desaparecer a voluntad, y comunicarse con criaturas de diferentes reinos del cielo y del infierno. En realidad, el feng shui sólo araña la superficie de las tradiciones místicas y mágicas de China.

Toda hazaña física que va más allá de la resistencia humana ordinaria se atribuye al chi. Una hoja que cae es chi. Un niño que llora es chi. El hombre de nuestros sueños es chi. Conseguir una buena oferta de trabajo es chi. Ganar es chi. Perder es chi.

CREAR SIETE TIPOS DE PERCEPCIÓN

Cuando no hay chi, estamos muertos; cuando lo hay en abundancia, la vida es un baile. El feng shui taoísta se centra exclusivamente en el chi. Al sintonizar con el chi, los maestros taoístas pueden leer las señales de la naturaleza y entender los signos de hechos venideros, personas y situaciones. Dichos signos revelan también cuándo es necesario renovar el chi y cuándo éste se ha vuelto malo.

El feng shui taoísta nos lleva a otro reino de mejoramiento del espacio, uno que compete a la mente en niveles internos, uno que, con entrenamiento, nos permite hacer uso de los centros de nuestro cuerpo a modo de sensores. Éstos se ocupan de los siete tipos de percepción que reflejan los siete centros de energía del cuerpo.

El desarrollo de la percepción en esos niveles no es lo mismo que los siete centros de energía del sistema de chakras. Según los chinos, la fuente de energía está en el centro del cuerpo, justo debajo del ombligo. La energía fluye por el cuerpo siguiendo el eje vertical y los meridianos, y se crea un campo energético. Los maestros taoístas hablan de chi kung solar y chi kung lunar.

IZQUIERDA. Una serie de movimientos lentos que hacen circular el chi dentro del cuerpo, conocidos como chi kung, forma parte del proceso para desarrollar los siete tipos de percepción.

El chi kung solar utiliza la energía del sol para activar los nueve orificios del cuerpo con el fin de percibir la energía; es excelente para mejorar la salud y la claridad mental. Además, limpia el cuerpo de toxinas y contribuye a construir un sistema inmunitario fuerte. El chi kung lunar emplea energía de la luna para equilibrar los dos ejes verticales del cuerpo. Este método regula el flujo interno de fluidos y abre los cinco canales psíquicos del cuerpo.

Para aprender a hacer los ejercicios físicos correctos, la respiración y finalmente las meditaciones y visualizaciones, necesitará buscar un maestro de chi kung cualificado.

LOS SIETE TIPOS DE PERCEPCIÓN	
Percepción visual	Se ocupa de la sensación de ver
Percepción de la audición	Se ocupa de la sensación de oír
Percepción del gusto	Se ocupa de la sensación de comer
Percepción del tacto	Se ocupa de la sensación de tocar
Percepción del sentido	Se ocupa de la sensación de sintonizar
Percepción de la inhalación	Se ocupa de la sensación de respirar
Percepción de la trascendencia	Se ocupa de la mente en estado de meditación

JUNTAR CADA IGUAL CON SU IGUAL TRAE SUERTE

Una de las doctrinas básicas del feng shui taoísta es el concepto de emparejar a «cada igual con su igual», que emplea un enfoque intuitivo. Básicamente, se refiere al hecho de acoplar nuestro chi personal con el chi de nuestro espacio y entorno inmediatos. Básicamente, se refiere a las asociaciones simbólicas de la mente.

¿Coinciden sus direcciones?

En el enfoque simple, la estación en la que usted nació determina la dirección que le trae buena suerte. Los taoístas asocian el este con la primavera, el sur con el verano, el este con el otoño y el norte con el invierno. Así pues, si usted se mueve desde su lugar de nacimiento hacia su dirección correspondiente a su estación de nacimiento, tendrá buena suerte. En el enfoque complejo, usted emplea las direcciones de su fórmula Kua (véanse las páginas 58-61) para explotar la regla de cada igual con su igual.

DERECHA. La fecha de su nacimiento contiene la clave de sus números personales de la suerte. Por ejemplo, si usted nació el día 11 del mes, ese número le traerá buena suerte en general. Unir igual con igual siempre trae suerte.

¿Coinciden sus fechas?

Si, por ejemplo, usted nació el 25 del mes, el número 25 será bueno para usted, al igual que un domicilio que tenga el número 25, etc. Y si nació en jueves, entonces todos los jueves le traerán suerte. Éste es el enfoque simplista de la numerología, que se centra en realidad en el número que recordamos con mayor facilidad.

¿Coinciden sus números?

Sus números están basados en su fecha de nacimiento (no hay necesidad de cambiar ésta a la fecha lunar, ya que su chi interior se identifica con su fecha de nacimiento occidental). Fíjese en su fecha de nacimiento expresada en números. Si usted nació el 18 de marzo de 1976, sus números serían 18 3 1976, y por lo tanto si cualquiera de estos números aparece en su dirección, su número de teléfono o la matrícula de su coche, tendrá cierta afinidad con usted.

¿Coinciden sus colores?

Esto se basa en la estación en que nació. Si nació en primavera, su color es el verde; en verano es el rojo, en invierno es el negro, en otoño es el blanco y entre una estación y otra es el amarillo. El hecho de vestir sus colores le traerá buena suerte por unir cada igual con su igual. Además, llevar rojo o rosa le traerá un amante o un cónyuge, el amarillo aumenta la suerte en la riqueza, el verde reduce el estrés y el empeoramiento, y el blanco ayuda a recuperarse de una enfermedad. Este enfoque simplista del feng shui se dice que resulta tan eficaz como el concepto de los cinco elementos.

EL CONCEPTO DE LA DOBLE BONDAD

El concepto taoísta de la doble bondad se ha incorporado a la práctica del feng shui. Cuando se ha determinado un número, un color, una dirección o un elemento que nos trae suerte, al duplicarlo doblaremos la suerte, la bondad y la felicidad. Cuando aplique el concepto de la doble bondad, piense que se duplicarán todas las cosas buenas de su vida, es decir, sus riquezas, su éxito y también su generosidad.

Seleccione los días de la doble bondad

Si para usted es bueno el 8, por ejemplo, entonces el día 8 del mes 8 supone una doble bondad para usted. Un día así será doblemente excelente para usted para mudarse a una casa nueva, para iniciar reformas, para casarse o para vivir cualquiera de las ocasiones felices de su vida. La aplicación del concepto de doble bondad a la selección de los días afortunados constituye una de las maneras más sencillas de encontrar un día cuyo chi está en afinidad con su chi personal.

Seleccione las direcciones de doble bondad

También puede aplicar el principio de la doble bondad a la práctica del feng shui de las Ocho Mansiones. Así, si una dirección determinada es favorable para usted, el hecho de tenerla como dirección de orientación y también de asiento le traerá una dosis doble de buena fortuna. Así pues, si el norte es su dirección del romance, su casa está orientada al norte y su dormitorio está situado en el sector norte de su vivienda, disfrutará de una suerte doble en el amor; o si es el suroeste el que le trae suerte en el romance, su habitación está situada en el suroeste y duerme con la cabeza apuntando al suroeste, todo esto le duplicará la suerte en el amor que busca.

También puede aplicar el concepto de la doble bondad a sus direcciones basándose en la estación en que nació. Así, si nació en primavera, su dirección de la suerte sería el este. Así, si su casa y su habitación se orientan al este disfrutará de una doble bondad.

ARRIBA. Cuando se traslade a otra vivienda, escoja bien el día. Para seleccionar las fechas, utilice el almanaque o aplique el concepto de la doble bondad.

SEGUIR LA CORRIENTE

Las enseñanzas taoístas siempre hacen hincapié en los beneficios de moverse siguiendo la naturaleza. Seguir la corriente significa no luchar contra la dirección del viento, no nadar contra la corriente, no intentar volver atrás el reloj y abstenerse de crear desequilibrios en la energía que nos rodea. Seguir la corriente sugiere también simetría, de modo que en todo momento se obtenga un equilibrio natural de la energía. Por esta razón el feng shui recomienda las formas regulares en lugar de las irregulares, las curvas mejor que los ángulos, una trayectoria curva en vez de una recta. Hay ritmo en el flujo de la vida, en el cambio de las estaciones y en la transformación del yin en yang y otra vez en yin.

El ejemplo más simple de seguir la corriente puede experimentarse en nuestra forma de reaccionar al cambio de las estaciones. En invierno, cuando hace frío, nos vestimos con mucha ropa para conservar el calor; en verano nos refrescamos usando ropa más ligera.

En los materiales que utilizamos para construir nuestros hogares, debemos asegurarnos de que la madera que usamos tenga la veta en la misma dirección, al igual que el mármol del suelo y las tejas de pizarra, que todo siga la corriente. El flujo del chi en el interior de la casa debe ser natural para que los flujos físicos nunca encuentren obstáculos ni se interrumpan de manera brusca.

PROBAR EL VIENTO

El feng shui capta la esencia del viento y del agua. Es necesario probar el viento, para ver si es demasiado seco o húmedo, si sopla demasiado rápido o murmura suavemente. Los vientos secos no contienen humedad y no traen bondades; los vientos rápidos se llevan todas las bondades consigo. Los vientos también traen señales, mensajes del cosmos. He aquí cómo leer las señales del viento:

DERECHA. Probar el viento requiere práctica. Cuando lo intente por primera vez, cierre suavemente los ojos y sintonice con la brisa; con el tiempo llegará a desarrollar la sensibilidad, y su conciencia interior le ayudará a leer las características del viento

1 Escoja la hora correcta según el animal que le corresponda (abajo). Compruebe cuál es en las páginas 24-25.

Rata - 23.00 a 01.00
Buey - 01.00 a 03.00
Tigre - 03.00 a 05.00
Conejo - 05.00 a 07.00
Dragón - 07.00 a 09.00
Serpiente - 09.00 a 11.00
Caballo - 11.00 a 13.00
Cabra - 13.00 a 15.00
Mono - 15.00 a 17.00
Gallo - 17.00 - 19.00
Perro - 19.00 a 21.00
Cerdo - 21.00 a 23.00

Si la hora cae en medio de la noche, utilice el marco temporal que sea exactamente el

contrario; por ejemplo, quienes hayan nacido bajo el signo del Tigre pueden usar la hora del Mono para probar el viento.

2 Pruebe el viento desde fuera de la puerta principal. Dé tres grandes pasos hacia fuera y luego, con ayuda de una brújula para determinar su orientación, vuélvase de cara al sur. A continuación relaje todos los sensores de su cuerpo. Céntrese en los siete tipos de percepción y ábrase al viento que sople en ese preciso momento. Recuerde permanecer muy relajado todo el tiempo. Si hay una brisa suave, las señales son excelentes; si el viento es fuerte y racheado, barrerá la buena suerte. Cuanto más viento haya, más protección necesita la casa. Si no hay nada de viento, la energía se queda estancada y la casa necesita que su energía se despierte. Para infundir energía yang, puede emplear sonidos o música o dar una fiesta.

3 Si está probando el viento para ver su suerte en el romance, busque signos relacionados con el elemento tierra. Busque cosas que vayan en pareja, como pájaros, abejas y mariposas. Busque cosas que pasen por delante que sean de color rojo o amarillo. Busque la luna, busque mujeres, caras sonrientes, flores que se abren. Cualquier cosa de la naturaleza puede interpretarse como una respuesta a sus preguntas en el momento en que decide probar el viento. Si está realizando esta investigación para un amigo, use la hora que corresponda a su animal del horóscopo.

4 Si desea probar el viento para averiguar su suerte en la riqueza, busque señales relacionadas con el viento y con el agua, ya sea juntas o por separado. La señal más potente de riqueza y prosperidad es la lluvia. Una lluvia ligera resulta excelente. Sólo hay que tener cuidado con los huracanes y las tormentas, todo lo demás es excelente. Los truenos y los relámpagos son aplausos de aprobación. Observe también las nubes: la presencia de nubes blancas y ligeras siempre es una buena señal. Fíjese en los automóviles y camionetas que pasan; un camión lleno es buena señal. También son un buen signo los barcos que navegan, un autobús lleno de niños o la aparición del gato de un vecino.

ARRIBA. Los relámpagos a menudo traen mensajes para quienes saben leer los signos de la naturaleza. Cuando el cielo se ilumina de repente por un relámpago mientras usted está buscando una señal, por lo general sugiere que se acerca una oportunidad importante.

PERCIBIR EL CHI

El chi es realmente el viento, igual que el dinero es el agua. El chi trae todos los atributos de la felicidad y extrae el poder inherente del agua, que trae riqueza. Así, si bien el agua es vital e importante, el chi lo es aún más. Cuando prueba el viento, está percibiendo el chi que lo rodea.

ABAJO. Para obtener la mejor suerte feng shui de las flores, escoja bien los colores. Las flores amarillas por lo general sugieren suerte en el dinero, mientras que las de color rosa indican buena fortuna en el amor.

Suerte en la salud

Cuando pruebe el viento para averiguar su suerte en la salud, busque signos de movimiento que revelen la presencia de chi yang, tales como una brisa suave; o el color blanco, que siempre representa curación y renovación; o el sol que aparece de pronto de entre las nubes. Éste es un símbolo de energía yang tan fuerte que la recuperación es segura. Descubrir de pronto el sol brillando entre los árboles o saliendo de las nubes es siempre un signo de recuperación.

Suerte en los negocios

Cuando examine el chi en busca de pistas sobre su suerte en los negocios, busque signos relacionados con el elemento madera. Si ve un camión cargado con troncos o muebles, será un signo excelente. Flores, plantas, un paisaje de agua o encender de pronto la televisión y encontrarse con una imagen de un bosque o un campo de flores; todos ellos son señales excelentes de que su negocio va a tener éxito. Hace poco estaba yo examinando el feng shui de la casa de una amiga que está iniciando un negocio nuevo y quería asegurarse de que su feng shui fuera favorable. En el momento exacto en que empecé a buscar señales, observé las nubes que había por encima de su casa y me fijé en unas formaciones verdaderamente favorables que tenían forma de dragones. Aquélla era en verdad una buena señal. Según el feng shui taoísta, su suerte es buena y su negocio tendrá éxito.

Suerte en el dinero

Para examinar el chi en busca de suerte súbita en el dinero, busque signos de prosperidad, como la aparición de monedas o el hecho de ver de repente la imagen de un río, ya sea en la televisión al encenderla, o al volver la página de la revista que está leyendo, o un chubasco repentino, o un pájaro que viene volando hacia usted. Los pájaros, por regla general, son las mejores indicaciones de riqueza súbita. Cuando

cuelga la imagen de un pájaro o cuadros que contienen muchas aves, sugiere que se le avecina una gran fortuna. Por ejemplo, las grullas (símbolo de longevidad) traen una suerte súbita en el dinero.

Señales procedentes de las flores

Cuando una planta que rara vez florece lo hace de pronto, también es una señal muy buena. Las flores también indican una extrema buena suerte cuando uno está buscando señales que nos digan cómo nos va a ir en un negocio nuevo. Las flores que se abren sugieren un proyecto que da sus frutos. Las flores amarillas indican éxito con el dinero, mientras que las blancas pueden sugerir una mala situación que va a mejorar. Las flores blancas también sugieren que una persona enferma se va a recuperar. Las de color rosa sugieren buena fortuna asociada con suerte en el amor, y son una indicación mucho mejor que las flores rojas. En efecto, enviar rosas rojas a una persona amada no suele estar bien visto por quienes practican el feng shui, pues pueden significar el fin de una relación. Esto es cierto sobre todo en el caso de las rosas que tienen espinas; siempre es mejor enviar rosas de color rosa o melocotón sin espinas. Las indicaciones de los colores favorables en las flores deben observarse cuando se pongan flores de adorno en casa: han de ser una de las primeras cosas que uno ve por la mañana, mientras desayuna, y una de las últimas que ve por la noche, pues crea poderosas vibraciones en la mente.

ARRIBA. La luz del sol que se filtra entre los árboles sugiere el chi de la buena suerte asociado con la brillante energía yang. Esta imagen muestra cómo la energía yang ilumina un bosque de árboles desnudos. Soñar con la salida del sol en este contexto constituye un buen presagio.

SEÑALES PROCEDENTES DE LOS NIÑOS

ARRIBA. Los niños pequeños poseen una aguda sensibilidad hacia el chi, sobre todo los menores de nueve años. El hecho de observarlos le dará una idea de las características del chi que lo rodea.

Los niños personifican el chi «yang puro». Su comportamiento, sus reacciones y el modo en que se visten son señales que nos hablan de las características de la energía de cualquier espacio. Se dice que los niños menores de nueve años reflejan el lado bueno y el malo de la energía que domina cualquier hogar. La naturaleza se sirve de ellos para comunicarse con nosotros, así que esté atento a su comportamiento si de pronto aparecen a la hora exacta en que usted está probando el viento y percibiendo el chi. Observe lo que hacen los niños. Si están jugando, observe de qué juego se trata. ¿Son juegos estables o inestables? ¿Están leyendo plácidamente? ¿Están construyendo algo? ¿Sugiere algo relacionado con lo que está haciendo usted? Por ejemplo, si usted se dedicara al comercio, todo lo que hagan ellos en relación con construir, cultivar o comer sería una buena señal. Si le ofrecen algo —dulces, monedas o papel— también es una señal excelente.

Fíjese también en su estado de ánimo. ¿Están contentos, riendo? ¿Están tristes o inquietos? Un niño feliz siempre sugiere un buen feng shui, mientras que un preocupante estallido de ira o de lágrimas sugiere que podría haber lagunas de energía negativa y que es necesario limpiar el espacio antes de poder alterar el feng shui. Cuando el niño exige irse a casa, es casi seguro que hay algo negativo en la energía.

Observe la ropa que llevan. ¿Es demasiado ajustada o demasiado floja? ¿Parece cómoda? ¿Los colores están en armonía con su hogar? Los niños que visten de blanco, verde, amarillo, rojo o azul vivo atraen las vibraciones yang de las cuatro direcciones. Vestidos de negro, significa un yang confinado en yin, y es una señal muy mala.

Mire las fotos o cuadros de niños de la casa. Pocas cosas son tan favorables como un niño pequeño sonriendo o con aspecto feliz. Las imágenes así exudan energía yang pura, que es favorable, mientras que las imágenes que sugieren niños en estado de inquietud, dolor o angustia deben evitarse.

SEÑALES PROCEDENTES DE LAS AVES

¿Cuántas aves ve usted?

- Un solo pájaro negro indica un mensaje importante.
- Un par de pájaros significa que se acerca el amor.
- Una familia de pájaros sugiere la suma de un nuevo miembro a la familia o de una reunión familiar, lo cual aporta felicidad.

¿Ve usted aves sanas o heridas?

- Un pájaro herido es una advertencia. Tenga cuidado el resto del día.
- Un pájaro sano y vivaz sugiere una ocasión feliz.
- Varios pájaros gorjeando alegremente significan un aumento de la actividad social.
- Si los pájaros cantan, es una señal feliz que sugiere una vida social más intensa.

¿De qué color son las aves que ve?

- Un pájaro blanco representa la curación. Si alguien cercano a usted está muy enfermo, es una señal de recuperación.
- Un pájaro con marcas rojas representa que le espera alguna clase de honor.
- Un pájaro amarillo significa riqueza súbita o una ocasión feliz (como un embarazo).
- Un pájaro azul representa una promoción en el trabajo.

¿Qué clase de aves ve usted?

- Las urracas significan que llegan nuevas amistades a su vida.
- Las aves rapaces siempre significan riqueza; el águila, por ejemplo, sugiere buena fortuna.
- Los pájaros pequeños, como los gorriones, indican una buena noticia, son alegres mensajeros.
- Los periquitos sugieren romance o conocer a un compañero sentimental.
- Los cuervos indican que cabe esperar algún mensaje divino, tal vez un sueño profético.
- Los búhos indican que llega a nuestra vida un maestro de gran importancia.

ARRIBA. Las aves casi siempre representan buena suerte, y cuantas más pueda capturar en una imagen o una pintura, más afortunado será. Se dice que los pájaros son mensajeros de los Inmortales, y tener pájaros en casa trae buena suerte. Hasta las plumas de ave se dice que poseen atributos protectores.

En feng shui, las aves son poderosos símbolos de nuevas oportunidades, y por eso el Fénix Carmesí, la reina celestial de todas las criaturas dotadas de plumas, es el símbolo máximo de nuevas oportunidades en tiempos de adversidad. Se dice que tener en casa la imagen del Fénix atrae la prosperidad y la abundancia. Un centenar de fénix serían cien veces más favorables.

También otras aves, incluso plumas de aves, se consideran favorables. Las aves significan protección para quienes asumen riesgos económicos y empresariales. Cuando se colocan en el sur, alejan la mala suerte en los negocios. Los gallos desvían las habladurías y el politiqueo. Las aves rapaces traen riqueza, y las plumas de pájaro protegen contra accidentes en los viajes. En el feng shui taoísta, las aves se consideran mensajeros cósmicos.

Los pájaros que vuelan hacia nosotros son las mejores señales; los que se alejan de nosotros sugieren una oportunidad perdida. Un pájaro que vuela hacia arriba es una buena señal. Los que cantan por la mañana traen buenas noticias. Cuando construyen su nido en nuestro jardín, es una señal muy buena de prosperidad.

ARRIBA. Esta pintura del clásico paisaje chino representa el reforzamiento del chi de la tierra. Es un tema muy popular y se pone en muchos hogares para atraer un buen feng shui.

CÓMO REFORZAR EL CHI DE LA TIERRA

Un método fácil de feng shui taoísta para mejorar la calidad de la energía de su hogar consiste en reforzar el chi de la tierra. El chi de la tierra es tan importante, que en tiempos antiguos era casi sinónimo de buen feng shui.

El feng shui taoísta acepta que cielo y tierra juntos establecen los fenómenos naturales sobre los que construye el hombre. Es la trinidad de tien, ti, ren, es decir cielo, tierra y humanidad. En dicha trinidad, el chi de la tierra es el que ejerce mayor influencia sobre nuestra fortuna.

- Tenga siempre materiales de tierra en el suelo de la planta baja. Use mármol, granito o baldosas. Las baldosas macizas o el mármol son mejores que el mármol roto o el terrazo. Todo lo roto o que tiene un diseño al azar sugiere cimientos inestables. Evite tener madera o alfombras en esta planta.

- Rodee su hogar con rocas para atraer buenas vibraciones; unas cuantas rocas colocadas en las cuatro esquinas sugieren que el chi de tierra es fuerte y estable. También puede construir una montaña de oro simbólica (un montón de rocas con hojas de oro pegadas a ellas) para conectar con el eje tierra/cielo; trae buenos auspicios.

- Haga una pared detrás de la casa para representar que la montaña le proporciona apoyo. No es necesario que sea un muro enorme, bastará con uno de 1,20 m. Para tener apoyo, un muro siempre es mejor que los árboles.

- Forme un cuadrado lleno de arena o de guijarros para reforzar el chi de tierra frente a la casa. Refuerza el simbolismo de la energía del elemento tierra.

- Manifieste los tres potentes números de tierra 2, 5 y 8. Podría usar, por ejemplo, dos cristales redondos, cinco rocas amarillas y ocho guijarros de tamaño mediano. Puede intensificar el número que usted desee. Dado que se acerca el Período Ocho (véanse las páginas 84-85), enfatizar el 8 traerá buena suerte. Los números 2, 5 y 8 se describen en el feng shui de Estrella Voladora como números emparentados, y juntos indican buena fortuna.

- Cuelgue en casa una pintura de una montaña de aspecto fuerte y macizo como apoyo a sus esfuerzos. En el feng shui de Estrella Voladora, la imagen de una montaña en el rincón de la casa que aloja la estrella de montaña 8 trae una enorme buena suerte en la salud y en las relaciones. El dibujo de la montaña también es increíblemente afortunado si lo cuelga a su espalda en la oficina o dondequiera que se siente. Es un símbolo de poderoso chi de tierra, y es necesario para tener una movilidad ascendente en la profesión, además de para preservar las riquezas.

MUDRAS MÍSTICAS PARA DETECTAR EL CHI

Puede emplear señales de la mano místicas (denominadas mudras) para examinar el chi de su hogar. A veces el chi opera de formas tan misteriosas, que puede quedar oculta la razón de un problema de la familia. Si de pronto las cosas empiezan a torcerse, pero no termina de dar con la causa, pruebe a usar estas mudras místicas.

Empiece siempre con la mudra de protección (arriba a la derecha): Sitúe ambas manos enfrente de usted. Primero cierre los dedos formando un puño y luego estire el índice y el meñique. Sostenga las manos con la palma hacia arriba y recorra lentamente las habitaciones de la casa. Al principio no notará nada, pero al cabo de un rato empezará a experimentar una sensación de hormigueo en las manos. Esta mudra de protección garantiza que usted no «choque» con energía negativa al recorrer la habitación. Recuerde mantener la columna vertebral recta y erguida, pues así se asegurará que el flujo del chi circule por su cuerpo sin impedimentos y por lo tanto facilitando su examen.

Tacto para la energía difícil

Para investigar y descubrir la energía negativa que puede estar causándole perjuicios pero que no resulta obvia, use la mudra de investigación (abajo derecha).

Para ello, junte las manos en la postura anterior y una los dedos de ambas manos, índice con índice, meñique con meñique y pulgar con pulgar. Con las dos manos así unidas, puede recorrer las habitaciones de la casa por segunda vez. Sus manos le ayudarán a resolver y detectar energía chi difícil. Cuando la energía sea negativa, sentirá un hormigueo en las manos. A menudo, una inspección más detenida revela la causa del malestar o de la zona problemática, como un daño sufrido por un intensificador simbólico de feng shui.

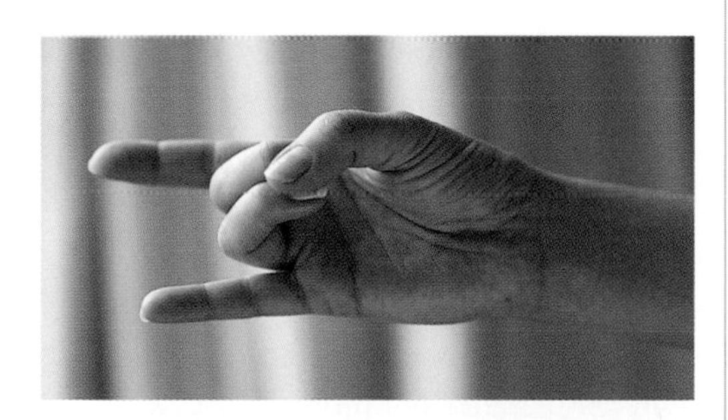

IZQUIERDA. Aquí se muestran dos señales de manos muy potentes, conocidas como mudras. Si las utiliza para investigar el feng shui de una vivienda, pueden desvelar problemas ocultos. Pero la mejor manera de practicar las mudras es bajo la dirección de un maestro.

ARRIBA. Este poderoso símbolo feng shui, el nudo místico, está hecho de monedas atadas unas a otras. Resulta tan poderoso, que puede transformar la energía mala en energía buena.

EL USO DE SÍMBOLOS MÍSTICOS

Existen tantos símbolos diferentes, que podría escribirse un libro entero sobre ellos. Pero los tres más utilizados son los de longevidad como el Dios de la Longevidad, el místico nudo sin fin y el «ru yi», símbolo del poder y la autoridad. Pueden hacerse de diversos materiales, pero están imbuidos de un poder adicional cuando se tallan en cristales y piedras semipreciosas. Para poder dotar a estos símbolos de mayor vitalidad, normalmente se requiere ser iniciado directamente por un maestro taoísta cualificado.

El feng shui taoísta tiene muchas versiones de símbolos místicos, que pueden dotarse de poder para convertirlos en talismanes y amuletos. En el pasado, los patriarcas y las damas de las clases altas llevaban encima estos símbolos místicos. Los mandarines y los funcionarios de la corte también los usaban como parte de su atuendo oficial. Estos símbolos se llevaban con frecuencia como anillos o como prendedores. Algunos eran adornos para el pelo y otros se escondían en la ropa.

Los amuletos protectores a menudo se grababan con plegarias sagradas escritas con una caligrafía ornamental y después eran consagrados por monjes u otros hombres santos. También se incorporaban gemas sagradas y de auspicios especiales, como el lapislázuli azul, el coral rojo, la turquesa, el ámbar amarillo, el jade verde y los feldespatos de color perlado, en forma de intensificadores de energía finamente engastados. La selección de las piedras solía basarse en cálculos astrológicos. Cuando se utilizaban piedras de color, éstas eran bastante grandes, pues a menudo representaban símbolos de autoridad y al mismo tiempo a los cinco elementos.

Entre las populares joyas talismanes que usaban los altos miembros de la corte y los generales del ejército se encontraban símbolos como el ru yi, el símbolo de la longevidad y el nudo místico (éste es un signo tan poderoso que el mero hecho de dibujarlo en el aire con las manos transforma la energía mala en buena). Estos tres símbolos tenían significados muy importantes, y se creía que cuando se les dotaba de poder mejoraban la salud y traían fuerza y vigor, además de proteger a su portador de una muerte no natural, como por accidente o por ejecución. Los símbolos místicos y las gemas con poderes trascienden el paso del tiempo.

DERECHA. Los chinos siempre han valorado las piedras semipreciosas como el ámbar amarillo. Considerado una gema sagrada, puede llevarse como amuleto protector.

SÍMBOLOS PARA PROTEGERNOS DE UN CHI YIN EXCESIVO

Las fuerzas yin pueden ser perjudiciales para la energía de los espacios yang, y esto se manifiesta de diversas maneras. En el hogar, las enfermedades y las peleas pueden ser el resultado de intensas fuerzas yin. En el trabajo, el chi yin puede causar grave estrés y puñaladas por la espalda.

Las fuerzas yin deben mantenerse al mínimo y nunca se debe permitir que dominen ningún espacio. En feng shui, esta aflicción se conoce como formación de espíritu yin, la cual, en su versión menos dañina, ocasiona dolencias incómodas y pequeños accidentes, pero que en el peor de los casos puede causar enfermedades graves. Las fuerzas yin también son causa de dolores de espalda, artritis y ciática, y las personas mayores son mucho más susceptibles a los ataques del chi yin. Así pues, siempre se ha de perseguir la formación de espíritu yin, o transformarlo en energía yang. Dé a su hogar un baño de energía yang abriendo con frecuencia las ventanas y las puertas a fin de recibir nuevos influjos de energía. Tocar música, dar cenas y tener gente joven en casa son actividades que crean la preciada energía yang.

Hacer frente a la política de la oficina

Cuando las fuerzas yin se vuelven demasiado fuertes y parecen atacar a los miembros más vulnerables de la familia o del personal de la oficina, tal vez necesite aplicar curas específicas. Muchas personas sufren este problema en el trabajo, y son infelices simplemente porque alguien de la oficina está chismorreando y humillándolos. En feng shui taoísta, la cura más popular es la imagen del gallo, ya que engulle simbólicamente todas las habladurías negativas. Un gallo de porcelana pintada de oro tiene gran poder, así como las imágenes de gallos pintadas en blanco o en rojo y oro, porque las energías de fuego y de metal vencen a cualquier energía pendenciera y enfermiza.

Las imágenes en rojo y oro del Buda de la Felicidad también son excelentes curas para las aflicciones de Estrella Voladora causadas por la pendenciera estrella 3, y sobre todo por las combinaciones 3/2 y 2/3. También resulta adecuado un Buda Riente todo de oro, pero este remedio se refuerza con un toque de rojo. Sitúe el Buda de frente a la dirección de quien usted sospeche que está causándole el problema, pues eso transforma la angustia potencial en felicidad real.

Las espadas de monedas y los símbolos de apoyo detrás del escritorio pueden ser eficaces complementos del gallo. Deben colocarse en la pared a la izquierda de la dirección de orientación de su escritorio. Cuelgue una espada de monedas con la empuñadura hacia arriba y la hoja hacia abajo.

El más poderoso de todos los símbolos de apoyo son los dioses militares como Kuan Kung, la tortuga dragón y las montañas.

IZQUIERDA. Existen poco símbolos que tengan tantas connotaciones protectoras como la tortuga mística. La tortuga que se muestra aquí está tallada en mármol. Poner algo así en el hogar constituye un excelente feng shui.

EL SIGNIFICADO DE LOS ÁRBOLES

Los taoístas consideran los árboles sanos y bien cuidados una fuente importante de chi del crecimiento, y creen que quienes viven en hogares sin árboles carecen de ímpetu para crecer.

ABAJO. Los árboles que tienen un buen follaje y cuyas hojas son anchas y redondeadas son preferibles a los que tienen hojas delgadas y puntiagudas.

El feng shui taoísta considera que la presencia de los árboles alrededor del hogar es esencial del buen feng shui.

- Los árboles de hojas anchas son preferibles a los de hojas delgadas y puntiagudas. El bambú y los pinos son excepciones, pues son potentes símbolos de longevidad; pero el bambú debe plantarse enfrente de la casa.

- Un solo árbol en un patio central abierto indica «dificultad» y debe evitarse.

- Cinco árboles detrás de la casa simulan el apoyo de una montaña. Los frutales simbolizan que el apoyo es nutritivo. Los árboles deben ser sanos y fuertes.

- Un árbol muerto detrás de la casa es mala suerte, y un árbol muerto enfrente es peor, así que se deben retirar. Las personas mayores son susceptibles a su energía.

- Los árboles y las plantas en el costado izquierdo de la casa controlan la cólera del marido y lo benefician, mientras que los situados en el costado derecho controlan la cólera de la esposa y la benefician a ella.

ÁRBOLES DE BUENOS AUSPICIOS

- Los dátiles rojos y los granados se dice que traen suerte en el embarazo y en la recuperación.
- Los tilos disipan la mala energía que hace daño a la familia.
- Los manzanos traen paz y armonía al hogar.
- Los naranjos traen riqueza y prosperidad.
- Los sauces traen lágrimas y trabajo duro.

CÓMO ACTIVAR EL CHI DE LA RIQUEZA CON MONEDAS

Un popular método para activar la suerte en la riqueza cuando se construye un hogar nuevo es el de cubrir el suelo y las paredes con monedas atadas con cintas de color rojo.

ABAJO. Cuando decore su casa, ponga monedas debajo del yeso de las paredes y bajo las baldosas del suelo para activar el chi de la riqueza.

El feng shui taoísta recomienda usar monedas en abundancia para activar la suerte de la riqueza para el hogar. Cuando construya o reforme una casa, ponga monedas activadas con cuerda o cinta roja debajo del suelo antes de colocar las baldosas, y en las paredes antes de aplicar el yeso. Ponga las monedas de fuera hacia dentro, a lo largo de la escalera y en el interior del dormitorio principal. Esto simbolizará que entra la riqueza en la casa.

Lo ideal es atar tres monedas con cuerda roja o amarilla para representar la energía yang. El tres representa la unidad de cielo, tierra y hombre. Ponga las monedas activadas en los cuatro rincones de cada habitación de la casa o del despacho. El hecho de atar las monedas con un nudo místico les proporciona un poder adicional. A continuación, coloque tres grupos de monedas todo a lo largo del suelo y de las paredes del cuarto de estar y del comedor.

Al colocar las monedas, cerciórese de que quedan planas sobre el suelo y las paredes. Si utiliza monedas auténticas de la China imperial, colóquelas con la cara yang hacia arriba, que es el lado que tiene cuatro caracteres. También puede enterrar monedas fuera de la casa, en los cuatro rincones de su terreno o propiedad, lo cual significa acumulación de riqueza en vez de meros ingresos, y sugiere buena suerte a largo plazo.

PINTAR EL OJO DEL DRAGÓN

El feng shui taoísta considera que toda criatura celestial contiene energía vital, y que cuando a dichas criaturas se les despierta el espíritu pintándoles los ojos, se vuelven más poderosas todavía.

El ritual de «pintar el ojo del dragón» se refiere a despertar simbólicamente a esta criatura celestial para aumentar su poder. Esto puede llevarse a cabo en una sencilla ceremonia usando cuadros e imágenes de dragones en el interior de hogares y oficinas. Cuando las imágenes de dragones de su casa se energizan de esta manera, traen prosperidad, protección y ocasiones felices como nacimientos y casamientos.

Para pintar el ojo del dragón, lo único que se necesita es un pincel negro y tinta china negra. El ritual puede ser tan simple o complicado como usted desee, pero debe ir acompañado de una infusión de energía yang. Ésta puede representarse con el fuerte tañido de címbalos y tambores o poniendo luces brillantes que iluminen el dragón. Es aconsejable pintarle los ojos durante la hora del dragón, entre las 7 y las 9 de la mañana.

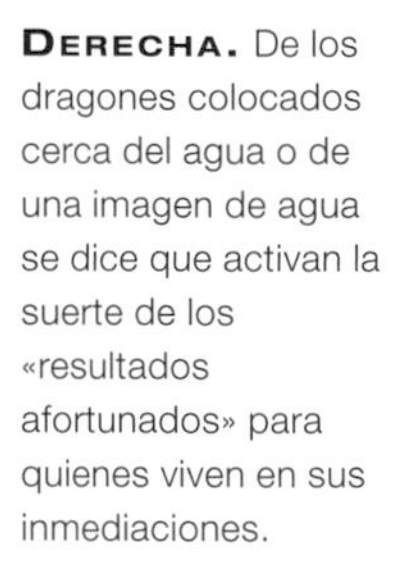

DERECHA. De los dragones colocados cerca del agua o de una imagen de agua se dice que activan la suerte de los «resultados afortunados» para quienes viven en sus inmediaciones.

EL PODER DE LAS BOLAS DE CRISTAL LISO

El feng shui taoísta casi siempre hace hincapié en la vital belleza y el buen augurio de los objetos lisos y circulares que se forman a partir de cristales. Colocados en el hogar, denotan una vida libre de obstáculos en la que los proyectos avanzan apenas sin tropiezos. Las mejores habitaciones para activarlos son la habitación familiar, el cuarto de estar y el comedor.

El feng shui taoísta reconoce también la eficacia de las bolas de cristal lisas, sobre todo cuando están hechas de cristal natural de roca. Exhibidas en grupos de seis o de nueve en el cuarto de estar o en las zonas donde se reúne la familia, las bolas de cristal crean energía que fomenta las relaciones afectuosas y asegura un caminar sin obstáculos por la vida. Las peleas quedan reducidas al mínimo y los proyectos obtienen el éxito.

Los cristales representan la energía nutriente de la madre tierra, de modo que también benefician a la matriarca de la familia. Colocados en los rincones suroeste de la casa, traen una maravillosa suerte en la familia y en el amor. Para activar el poder de los cristales aún más, pruebe a ponerlos bajo una luz brillante. Recuerde que en la zona suroeste los cristales traen amor y relaciones estables. Éstas serán muy apacibles y placenteras si coloca aquí seis bolas de cristal.

Las bolas de cristal que llevan grabado el mapa del mundo son excelentes para la suerte en los estudios y en los exámenes, sobre todo cuando se colocan en el noreste de cualquier habitación.

La elección del tipo de cristal a menudo es una cuestión personal. Puede elegir cualquier piedra que atraiga su fantasía, aunque los mejores son los cristales naturales. Los globos de cuarzo amarillo y los hechos de calcita se dice que son excelentes energizantes de la riqueza. En efecto, toda piedra de color amarillo sugiere fuertemente el poder del chi de tierra.

ABAJO. Ponga cristales redondos o en forma de huevo en su hogar para atraer una vida libre de sobresaltos. Aunque puede escoger el tipo de piedra que quiera, los taoístas tradicionales prefieren la forma perfectamente redonda.

PODEROSOS RITUALES CON CRISTALES

Para crear un buen chi en su casa, puede usar cualquier ritual que se describe a continuación. No son difíciles de poner en práctica, pero es vital llevarlos a cabo con un buen corazón.

ABAJO. Un cristal de punta única puede transformarse en un potente talismán si se emplea una buena concentración. Su tremenda capacidad de poder psíquico se activa cuando se entonan mantras, lo cual lo imbuye de un chi protector.

Un árbol de amatistas es un símbolo popular que trae armonía en las relaciones al hogar. Consta de cristales colocados en un «árbol» que se sostiene sobre un cristal de amatista. Cerciórese de que la amatista tenga una base firme, ya que ello fortalece todas sus relaciones.

A continuación encontrará tres rituales de feng shui taoísta para aumentar la energía de su hogar.

- Entierre en el suelo tres cristales formando un dibujo triangular (conocido como formación de cristales en cima de montaña) enfrente de su casa. Asegúrese de que la cima del triángulo apunta hacia fuera. Puede utilizar bolas de cristal o un cristal de punta única. Evita que entre en la casa la energía negativa.

- Ponga siete trozos de cristal de punta única debajo de la cama, formando una flecha cuya punta esté orientada hacia la cabecera de la cama. Un cristal debe formar la flecha y otros tres a cada lado formarán la punta.

- Seis cristales sobre su mesa de trabajo atraen el reconocimiento de los demás. Ponga seis cristales en el rincón superior derecho del escritorio para mejorar su concentración y su creatividad. Si escribe poderosos mantras en los cristales, le traerán buena fortuna en todos los aspectos de su trabajo.

EL PODER DE LAS AMATISTAS

La amatista es especialmente útil para fortalecer los lazos del matrimonio, y cuando se coloca bajo la cama, a la altura de los pies de la pareja que duerme, simbólicamente «los ata el uno al otro».

Las geodas de amatista que poseen profundos «bolsillos» también tienen un gran poder para atraer la energía de la riqueza. Si usted desea activar el poder de los cristales en su hogar o su oficina, puede valerse de las amatistas o del cristal de cuarzo. Busque siempre formaciones cristalinas gruesas. Las geodas delgadas indican vibraciones de pobreza y simplemente no sirven. Por dentro, los cristales formados deben ser de un color morado intenso, ya que eso indica riqueza. Las amatistas también tienen el poder de transformar la energía negativa en positiva, y las vibraciones yin en vibraciones yang.

EL USO DE SÍMBOLOS DE ANIMALES

Los dragones, los caballos, los leones y las tortugas son todos poderosos símbolos feng shui. Los consejos que se ofrecen le ayudarán a sacarles el máximo partido en el hogar.

Los **DRAGONES** traen prosperidad y éxito, pero son más potentes cuando se colocan cerca del agua, como un elemento acuático o un acuario. La mejor es la imagen de un dragón que lleva una perla. Ponga uno, dos, cinco, seis o nueve dragones, pues estos números activan la imagen del dragón. Nunca los coloque cerca del fuego, en la cocina, en el dormitorio ni en el suelo. Tampoco tenga la imagen del dragón encerrada en una jaula de vidrio.

Lleve la imagen del dragón como un broche para alejar la mala energía y protegerse contra engaños y estafas. Llévelo como medallón para activar su chakra del corazón, que aumenta sus poderes de persuasión. Las mejores imágenes de dragones son las de oro con piedras preciosas o diamantes.

Los **CABALLOS** traen reconocimiento y fama. Los caballos de ofrenda de color blanco, conducidos por el Dios de la Riqueza, traen prosperidad. Un único caballo negro es el caballo de la victoria. Los caballos que corren presas del pánico traen mucho miedo y desgracias. Los caballos de labor sugieren trabajo sin reconocimiento. Lo mejor es exhibir los caballos en solitario o en grupos de ocho. Nunca deben formar conjuntos de cinco ni de cuatro, los grupos de cuatro sugieren un accidente terrible o la muerte.

Los **LEONES** pueden ser bastante peligrosos para sus vecinos, de modo que es mejor usar Chi Lins o perros Fu (véase la página 27). Cuando utilice leones para protegerse, debe colocarlos en el suelo.

Las **TORTUGAS** traen montones de energía buena. La mejor forma de protección consiste en tener una sola. Lo mejor es colocarlas en la parte de atrás de la casa o al norte del jardín. Las tortugas doradas de cabeza de dragón son más potentes como imágenes protectoras.

ABAJO. El dios de la riqueza Tsai Shen Yeh que conduce el caballo de ofrenda a su hogar es un símbolo de riqueza muy poderoso. Observe que el caballo va cargado de lingotes de oro.

GLOSARIO

Chen. El elemento de este trigrama es la gran madera, su dirección es el este y rige nuestras raíces y nuestros ancestros, así como el espíritu del primer descendiente varón.

Chi Kung. Una forma de ejercicio que permite a quienes lo practican hacer circular el chi a su alrededor.

Chi. Es una fuerza intangible que existe en todos y en todo. Puede ser positiva como el Sheng Chi (aliento del crecimiento) o negativa como el Shar Chi (aliento asesino).

Chien. El elemento de este trigrama es el gran metal, su dirección es el noroeste y representa a los mentores que ayudan y al patriarca y al líder.

Ciclo destructivo. El ciclo de los elementos en el cual la madera devora la tierra, la cual destruye el agua, la cual mata el fuego, el cual consume el metal, el cual destruye la madera. Este ciclo debe seguirse para asegurarse de que los elementos de los objetos, direcciones y localizaciones de una habitación no se destruyan entre sí.

Ciclo productivo. El ciclo de los elementos en el que el agua alimenta la madera, el cual alimenta el fuego, el cual fabrica la tierra, la cual contiene el agua. Este ciclo ha de tenerse en cuenta para asegurarse de que los elementos de objetos, direcciones y localizaciones de una habitación no se destruyan entre sí.

Cuadrícula Lo Shu. La cuadrícula de tres por tres que contiene nueve números, sobre la que se basan las fórmulas con brújula del feng shui.

Feng shui favorable. Esto quiere decir disfrutar de los ocho tipos de suerte en feng shui, que son: riqueza, buena salud, una buena vida familiar, una vida larga, buena suerte con los niños, buenos mentores, una buena reputación y una buena educación.

Feng shui malo. Es lo contrario del anterior. En su mayor parte, el feng shui malo puede mejorarse con las curas apropiadas.

Flecha envenenada. Una estructura recta o aguda, desde la cual el chi salta en ángulo creando energía dañina.

Fuk Luk Sau. Tres dioses del feng shui, respectivamente: el Dios de la Riqueza y la Felicidad, el Dios del Alto Rango y de la Abundancia, y el Dios de la Salud y la Longevidad.

Kan. El elemento de este trigrama es el agua, su dirección es el norte y rige la profesión. Representa al segundo hijo de la familia.

Ken. El elemento de este trigrama es la pequeña tierra, su dirección es el noreste, significa la educación y representa al hijo menor de la familia.

Kun. El elemento de este trigrama es la gran tierra, su dirección es el suroeste, significa las relaciones y representa la matriarca y la madre.

Li. El elemento de este trigrama es el fuego, su dirección es el sur, rige la reputación y representa a la segunda hija de la familia.

Números Kua. Forman parte de la fórmula de las Ocho Mansiones. Se derivan del año de nacimiento y el sexo de la persona, y son la clave para determinar las direcciones favorables y desfavorables de la misma.

Pa Kua. Un símbolo de ocho lados que contiene los trigramas dispuestos alrededor. Cada trigrama da significado a las ocho direcciones principales de la brújula, que también se muestran en el Pa Kua. El sur siembre debe mostrarse en la parte de arriba.

Sun. El elemento de este trigrama es la pequeña madera, su dirección es el sureste, rige la riqueza y la prosperidad y representa la hija mayor de la familia.

Trigrama. Un símbolo formado por líneas enteras y partidas que representan la manera en que se combinan el yin y el yang para fabricar el chi. Existen ocho trigramas, y cada uno contiene una combinación distinta de líneas enteras y partidas y conlleva diferentes asociaciones.

Tui. El elemento de este trigrama es el pequeño metal, su dirección es el oeste, rige la creatividad y los niños y representa a la hija menor de la familia.

Yang. Energía creativa, considerada activa y masculina.

Yin. Energía receptiva, considerada pasiva y femenina.

INFORMACIÓN PRÁCTICA

Página web de la autora, Lillian Too:
www.lillian-too.com
Revista de feng shui de Lillian Too en Internet:
www.wofs.com
Ecommerce de feng shui de Lillian Too:
www.fsmegamall.com
Correo electrónico de Lillian Too:
ltoo@wofs.com

Otros libros de Lillian Too:
Feng shui para la vida: 168 consejos para el éxito
Guía completa ilustrada del feng shui: los secretos de la sabiduría china para obtener salud, riqueza y felicidad
Guía completa ilustrada del feng shui para los jardines
Los fundamentos del feng shui
Feng shui y prosperidad: cómo aplicar la antigua sabiduría china para lograr el bienestar y atraer la buena fortuna
Feng shui inteligente para el hogar
Fórmulas para el éxito: feng shui práctico
Los símbolos de la buena suerte: feng shui práctico
Feng shui esencial
El libro de Buda: Budas, bendiciones, oraciones y rituales para ofrecerte amor, sabiduría y sanación

ÍNDICE

AGRADECIMIENTOS

Créditos fotográficos

Corbis: PP. 10 Brownie Harris, 13 Elizabeth Whiting & Associates, 20 Michael Nicholson, 22bl Roger Tidman, 39 Elizabeth Whiting & Associates, 47 Owen Franken, 48 Gareth Brown, 49 Massimo Listri, 53 Peter Harholdt, 55 Chris Collins, 64 SIE Productions, 82 Gen Pau, 91 Michael Freeman, 113 Mark L Stephenson, 122 Chris Hellier, 123 Di Lewis/Elizabeth Whiting & Associates, 125, 126, 133 Michael Boys, 134 Christies Images, 136t Alexander Burkatowski, 136m Edimedia, 137 National Gallery Collection; con el amable permiso de los Trustees of the National Gallery, Londres, 142 Austrian Archives/Osterreichische Galerie Vienna, 144 Keren Su, 146 Elizabeth Whiting & Associates, 151 Rodney Hyett/Elizabeth Whiting & Associates, 158 Scott Faulkner, 163 Gina Sabatella, 169 David Brooks, 174 Paul Barton, 182 Leonard de Selva

Getty Images: pp. 7 Taxi/Rob Melnychuk, 29 Stone/Timothy Shonnard, 42 Stone/Paul Redman, 115 Taxi/Stephen Simpson, 120, 127 Taxi/Kit Latham, 154 Taxi/Peter Gridley, 155 Taxi/David Sacks, 171 Image Bank/A.T. Willett, 172 Taxi/Jeremy Samuelson, 180 Image Bank/John and Lisa Merrill

Gracias también a Wofs.com por el permiso para usar sus fotos en las páginas siguientes: pp. 5, 6, 8, 50, 95tr, 140, 141, 185

Agradecimientos de la autora

Este libro está dedicado con cariño a mis maravillosos alumnos de todo el mundo, que están haciendo una gran labor al popularizar las maravillosas habilidades del feng shui, y en especial a mi familia: Jennifer, Wan Jin, Chris, Phillip, Honey y Han Jin; a mi joven equipo de personas supercreativas: Cheryl, Connie, Nickque, Kenji, Sky, Mavis, Liong, Stanley, Janice, Gopal, Loke y también a Peter y a Jason. ¿Qué sería de mi vida sin todos vosotros? Gracias por darme tanta felicidad y realización.

Un agradecimiento especial a:
Tizz's, Lewes
Oriental Arts, Brighton
David y Alison Payne